KAPITEL 1

UNSERE UNSICHTBAREN FEINDE

O unverständige Galater! Wer hat euch bezaubert, so dass ihr der Wahrheit gegenüber nicht gehorsam seid? (Galater 3,1; z. T. wörtl. a. d. Engl.)

Im Jahr 1963, dem ersten Jahr, in dem ich in den Vereinigten Staaten lebte, fragte man mich, ob ich Pastor einer Pfingstgemeinde in Seattle im US-Bundesstaat Washington werden wolle. Zu jener Zeit war ich noch etwas naiv und mit vielen Dingen, die einen Teil des Gemeindelebens in Amerika ausmachen, noch nicht vertraut. In der Einladung hieß es, dass alle zwölf Mitglieder des Gemeindevorstands einstimmig beschlossen hatten, mir diese Position anzubieten. Also packten meine Frau Lydia und ich unsere Sachen, verließen unseren damaligen Wohnsitz Minneapolis, und machten uns auf den Weg nach Seattle.

Als wir in Seattle angekommen waren, stellte ich fest, dass die zwölf Gemeindevorsteher die einzigen übriggebliebenen Gemeindeglieder waren, die noch die sonntäglichen Gottesdienste besuchten! Und nach einem Monat waren sogar bis auf ein einziges Mitglied des Gemeindvorstands alle anderen von ihrem Amt zurückgetreten. Meine Frau und ich fanden uns in einer ganz merkwürdigen Situation wieder. In dieser Gemeinde hatte es zuvor mehrere hundert im Geist getaufte Pfingstler gegeben. Sie wollten das Richtige tun und waren kein Haufen gottloser Abtrünniger gewesen. Als wir ihnen begegneten, verhielten sie sich mir gegenüber sehr respektvoll. Aber sie waren wie weggetreten. Ganz gleich, was ich tat oder sagte – es kam kaum irgendwelche Resonanz. Die Situation war wirklich verwirrend.

Lydia war wirklich eine Frau des Gebets. Gemeinsam beteten wir: „Gott, bitte zeige uns, was mit diesen Leuten nicht stimmt." Der Herr führte mich ganz klar zu Galater 3,1: *„Wer hat euch bezaubert?"* Als ich diesen Vers las, war dies für mein theologisches Verständnis eine echte Herausforderung. Ich dachte bei mir: *Pfingstler?* Im Wasser getaufte Gläubige, die in Zungen reden – *bezaubert?* Dies verlangte nach genaueren Nachforschungen.

――――――――
IM WASSER
GETAUFTE
GLÄUBIGE, DIE
IN ZUNGEN
REDEN -
BEZAUBERT?
――――――――

Ich fand heraus, dass sich die Frau des ehemaligen Pastors und einer der Gemeindevorsteher ineinander verliebt hatten. Sie heckten entsprechende Pläne aus, nach denen sich schließlich die Frau von jenem Pastor und der Gemeindevorsteher von seiner Frau scheiden ließen und einander heirateten. Der Pastor, der nun der geschiedene Ehemann war, zog aus der Gegend weg und fiel leider vom Glauben ab. So wurde seine Ex-Frau die Pastorin der Gemeinde – bis ich eintraf. Diese Frau schien die Gemeinde durch bloße Blicke zu kontrollieren. Später erzählte man mir, dass sie, wenn immer es in der Gemeinde eine Streitfrage gab, die Frage stellte: „Also, wer von euch ist auf meiner Seite? Hebt eure Hand." Jeder, der nicht seine Hand hob, konnte sich eines ihres stechenden, hypnotisierenden Blickes gewiss sein.

Sobald ich das Problem erkannt hatte, wussten wir, dass wir ins Gebet gehen mussten. Als Ergebnis dessen ereigneten sich in dieser Gemeinde einige wunderbare Dinge. Doch diese Erfahrung eröffnete mir auf ganz persönliche Weise eine völlig neue Dimension im geistlichen Bereich. Als Paulus fragte: „Wer hat euch bezaubert?" war das nicht einfach nur so eine Redewendung. Paulus sprach über eine geistliche Realität.

UNSICHTBARE FEINDE

Wenn einem mächtige und aktive Feinde entgegenwirken und man sich nicht einmal der Tatsache bewusst ist, dass man diese Feinde hat, ist dies eine äußerst gefährliche Situation. Als Christen haben wir es nicht mit Feinden aus Fleisch und Blut zu tun, sondern mit unsichtbaren Geistwesen. Die Themen, mit denen wir uns in diesem Buch auseinandersetzen haben mit Dingen zu tun, die unseren natürlichen Sinnen verborgen bleiben. Die Bibel spricht von Dingen, die *„kein Auge gesehen und kein Ohr gehört hat und in keines Menschen Herz gekommen ist"* (1. Korinther

2,9) Diese Dinge sind unsichtbar und geistlich. Sie können nur durch die Heilige Schrift verstanden werden. Es gibt keine andere verlässliche Informationsquelle.

Viele Menschen denken, dass nur das, was wir sehen, anfassen, hören und schmecken können existent ist. Durch die Jahrhunderte hindurch sind Philosophen jedoch zu dem Schluss gekommen, dass das, was wir sehen, anfassen, hören und schmecken nicht absolut, sondern temporär ist, und dass wir von diesen Dingen oft getäuscht werden. Diese Philosophen haben uns davor gewarnt, dass wir uns nicht nur auf unsere Sinne verlassen können.

Und die Bibel sieht das genauso! Paulus sagt, dass die sichtbaren Dinge vergänglich sind; die unsichtbaren Dinge sind ewig. Mit anderen Worten: Unsere Sinneswelt wird vergehen, und weil sie keinen Bestand hat, ist sie nur teilweise echt (siehe 2. Korinther 4,18). Doch die geistliche Welt, die wir nicht sehen und mit unseren Sinnen nicht wahrnehmen können, ist die wahre Realität. Nur sie wird Bestand haben.

> WIR HABEN NICHT MIT FEINDEN ZU TUN, DIE WIR SEHEN KÖNNEN; SIE SIND UNSICHTBARE GEISTLICHE WESEN.

Wenn wir uns also mit der Thematik der unsichtbaren Feinde befassen, müssen wir erst einmal unsere Denkweise zurechtrücken. Wir müssen zu uns selbst sagen: „Ich werde mich nicht nur auf die Dinge beschränken, die ich sehen, anfassen, hören und schmecken kann; ich werde mein Herz und meinen Verstand gegenüber der Offenbarung öffnen, die durch den Heiligen Geist in der Heiligen Schrift aufgezeichnet wurde und gegenüber den Dingen, die nicht von dieser Welt sind."

Paulus betete, dass Gott den Christen in Ephesus einen Geist der Weisheit und Offenbarung in der Erkenntnis Seiner selbst schenken möge (siehe Epheser 1,17). Dasselbe erbitte ich für uns: Dass Gott uns Weisheit und Offenbarung schenken möge, da wir unser Herz Seinem Wort gegenüber öffnen, weil wir uns mit Dingen beschäftigen, die uns nur durch Offenbarung begreifbar werden.

Im Wesentlichen werden wir uns mit zwei gegnerischen Reichen befassen, die sich miteinander im Krieg befinden. Dabei handelt es sich jedoch nicht um irdische Reiche wie Großbritannien, Schweden oder die Vereinigten Staaten, sondern vielmehr um geistliche Reiche. Das eine ist das Reich Gottes, und das andere das Reich Satans.

DER MORGENSTERN

In Jesaja 14 wird uns zum ersten Mal über ein Wesen mit dem Namen Luzifer berichtet. Das Wort *Luzifer* stammt aus dem Lateinischen und bedeutet „der Lichtbringer". Im Hebräischen wird dieser Begriff mit „der Morgenstern" übersetzt. In allen Sprachen wird Luzifer als strahlendes, leuchtendes und herrliches Wesen dargestellt. Ich glaube, dass er das war, was wir als *Erzengel* bezeichnen. *Erz* stammt aus dem Griechischen und bedeutet „herrschend, regierend". Diese Bezeichnung finden wir auch in dem Wort *Erzbischof*, bei dem es sich um einen Bischof handelt, der den anderen Bischöfen übergeordnet ist. Ein Erzengel ist somit also ein Engel, dem andere Engel unterstehen.

UNSERE UNSICHTBAREN FEINDE

Auf diese Weise war Luzifer in den Heerscharen Gottes einer der führenden Erzengel, gemeinsam mit Michael und Gabriel.[1]

An einem bestimmten Punkt hat Luzifer jedoch einen tödlichen Fehler begangen. Er war so sehr über seine Herrlichkeit begeistert, dass er sich überlegte, sich Gott gleich zu stellen und gegen seinen Schöpfer rebellierte. Es ist an diesem Punkt sehr interessant, die Rebellion Luzifers mit dem Gehorsam Jesu zu vergleichen. Luzifer war ein geschaffenes Wesen, das nicht Gott gleich war, aber sich trotzdem mit Gott auf die gleiche Ebene stellen wollte, und dadurch zu Fall kam. In Philipper 2,6 heißt es in Bezug auf Jesus: *„Er war Gott gleich, hielt aber nicht daran fest, wie Gott zu sein"* (EÜ). Jesus war Gott gleich, demütigte sich, und wurde letztendlich erhoben.

In Jesaja wiederum finden wir auch den Grund dafür, warum Luzifer rebellierte.

Wie bist du vom Himmel gefallen, du schöner Morgenstern! Wie wurdest du zu Boden geschlagen, der du alle Völker niederschlugst!

(Jesaja 14,12; LU)

Beachten Sie, dass in den darauffolgenden beiden Versen fünf Mal „ich will" vorkommt. Dies ist ein Beispiel dafür, wie sich der Wille des geschaffenen Wesens gegen den Willen Gottes auflehnt.

Du aber gedachtest in deinem Herzen: „Ich will in den Himmel steigen und meinen Thron über die

Sterne Gottes erhöhen, ich will mich setzen auf den Berg der Versammlung im fernsten Norden. Ich will auffahren über die hohen Wolken und gleich sein dem Allerhöchsten." (Jesaja 14,13-14; LU)

Luzifer wollte sich mit Gott auf eine Ebene stellen. Er hielt sich selbst für so weise, schön und herrlich, dass er offensichtlich bei sich dachte: *Ich könnte Gott sein.* In der Heiligen Schrift heißt es, Luzifer hätte die Loyalität von einem Drittel der Engel Gottes untergraben und diese mit sich in die Rebellion hineingelockt, wodurch sie auch mit ihm gefallen sind. Gott sagte:

LUZIFER WOLLTE SICH MIT GOTT AUF EINE EBENE STELLEN

„Doch in die Hölle wirst du hinabgestürzt, in die tiefste Grube." (Jesaja 14,15; z.T. wörtl. a. d. Engl.)

In Hesekiel 28 wird dieses verrufene Wesen ebenso beschrieben. Das Kapitel ist in zwei Abschnitte unterteilt, von dem jeder eine Wehklage ist. Der erste Abschnitt dreht sich um den Fürsten von Tyrus; der zweite um den König von Tyrus. Wenn wir uns näher mit dem Fürsten von Tyrus beschäftigen, sehen wir, dass der Fürst von Tyrus ein menschliches Wesen war. Es wird klar ausgesagt, dass er ein Mensch war – auch wenn er behauptete, ein Gott zu sein. Andererseits ist es genauso eindeutig, dass der König von Tyrus kein menschliches Wesen war. In diesem Kapitel erhalten wir einen kurzen Einblick darüber, wie Satan arbeitet. Wir haben es hier also mit einem menschlichen Herrscher, dem Fürsten von Tyrus, zu tun, und hinter ihm steht im unsichtbaren Bereich ein satanischer Herrscher

– der König von Tyrus. Der menschliche Herrscher ist nicht viel mehr als eine Marionette, dessen Schritte aus dem unsichtbaren Bereich heraus gelenkt werden. Wenn Sie anfangen, diese Wahrheit zu begreifen, sehen Sie geschichtliche und politische Ereignisse in einem völlig neuen Licht. Wenn wir einige der sogenannten „berühmt berüchtigten" Männer der Geschichte näher unter die Lupe nehmen, sehen wir nach und nach, wie sie quasi von Unsichtbaren gehalten wurden, die die Richtung bestimmten, in die sie gingen.

Du warst das vollendete Siegel, voller Weisheit und vollkommen an Schönheit, du warst in Eden, dem Garten Gottes; aus Edelsteinen jeder Art war deine Decke: Karneol, Topas und Jaspis, Türkis, Onyx und Jade, Saphir, Rubin und Smaragd; und Arbeit in Gold waren deine Ohrringe und deine Perlen an dir; am Tag, als du geschaffen wurdest, wurden sie bereitet.
(Hesekiel 28,12b-13)

Es wird von Bibelgelehrten allgemein als gegeben betrachtet, dass Luzifer für die Anbetungsleitung im Himmel zuständig war. Er war ein Musikexperte und benutzt auch heute noch Musik, um Menschen zu fesseln und zu faszinieren.

Du warst ein mit ausgebreiteten Flügeln schirmender Cherub, und ich hatte dich dazu gemacht; du warst auf Gottes heiligem Berg, mitten unter feurigen Steinen gingst du einher. Vollkommen warst du in deinen Wegen von dem Tag an, als du geschaffen wurdest, bis sich Unrecht an dir fand. Durch die Menge deines Handels fülltest du dein

Inneres mit Gewalttat und sündigtest. Und ich verstieß dich vom Berg Gottes und trieb dich ins Verderben, du schirmender Cherub, aus der Mitte der feurigen Steine. (Hesekiel 28,14-16)

An dieser Stelle wollen wir kurz innehalten und ein faszinierendes Wort, das in diesem Abschnitt vorkommt, etwas genauer betrachten, und zwar das Wort „Handel". Auf Hebräisch bedeutet dieser Begriff „umherzugehen wie ein Verleumder, wie ein Aufrührer, mit heimlicher, hinterhältiger Hetze." Heute nennen wir so etwas *eine Kampagne durchführen* oder *Lobbyarbeit*. Auf diese Weise machte Satan die Engel abspenstig: indem er auf und ab ging und im Endeffekt verkündete: „Seht mich an. Seht nur, wie schön und intelligent ich bin. Meint ihr nicht, dass ich ein besserer Herrscher wäre als Gott dort oben? Und, wisst ihr, Gott schätzt euch nicht wirklich. Wenn ihr euch mir anschließt, werde ich euch in meinem Reich eine wesentlich bessere Position geben als ihr derzeit bekleidet."

Sehen wir uns einmal an, wie das Wort Handel sonst noch verwendet wird, um eine exakte Beschreibung seiner Bedeutung zu erhalten: *„Du sollst nicht als ein Verleumder unter deinen Volksgenossen umhergehen."* (3. Mose 19,16) Dieser Vers beschreibt einen Ehrabschneider, eine Person, die falsche Anspielungen und Anschuldigungen vorbringt. Luzifer hat Gott fälschlicherweise beschuldigt, ein Despot zu sein, ein Tyrann, der sich nur um Seine Erhabenheit und Herrlichkeit kümmert, und der diesen Engeln, die Ihm so treu dienten, keine Wertschätzung zukommen ließ.

In Sprüche 11, Vers 13 wird derselbe Begriff so beschrieben:

„Wer als Verleumder umhergeht, gibt Anvertrautes preis; wer aber zuverlässigen Sinnes ist, hält die Sache verborgen."

Hier sehen wir den Gegensatz: Das Gegenteil eines Verleumders ist jemand mit einem zuverlässigen Sinn.

In Sprüche 20 wird die Bedeutung eben dieses Begriffes ebenso auf sehr lebendige Weise verdeutlicht: *„Wer Anvertrautes preisgibt, geht als Verleumder umher; und mit einem Schwätzer lass dich nicht ein!"* (Vers 19, z. T. EÜ) Der Verleumder und der Schwätzer sind eng miteinander verbunden. Mit anderen Worten: Luzifer schwatzte diese Engel in den Glauben hinein, dass sie es bei ihm viel besser hätten als bei Gott. Diese Vorgehensweise ist mir gut bekannt, weil ich sie auf menschlicher Ebene in Gemeinden und anderswo so oft gesehen habe. Und hinter all diesen Aktivitäten steckt durch die Geschichte hindurch immer wieder dieselbe Person. Luzifer benutzt immer wieder Geschwätz und Lügen, um seine Ziele zu erreichen.

In Jeremia 6,28 und Hesekiel 22,9 wird das Wort ebenso mit *Verleumder* wiedergegeben. Auf Hebräisch bedeutet es alles das Gleiche: Ein Schwätzer, ein Verleumder, jemand, der auf und ab geht und durch sein Gerede und der verfälschten Darstellung von Autorität Entfremdung und Abtrünnigkeit sät.

DER STOLZ LUZIFERS

Kommen wir auf Hesekiel 28 zurück, wo wir ganz genau sehen können, was der Grund für den Sturz Luzifers war:

Dein Herz wollte hoch hinaus wegen deiner Schönheit, du hast deine Weisheit verdorben um deines Glanzes willen. (Hesekiel 28,17; z. T. LU)

Was war die ursprüngliche Motivation Luzifers? Was war die erste Sünde? Stolz. Die erste Sünde wurde im Himmel begangen, nicht auf der Erde. Es handelte sich bei ihr weder um Trunkenheit, noch Ehebruch und nicht einmal Lüge, sondern um Stolz. Und Stolz ist immer noch die tödlichste aller Sünden. Massen von Kirchgänger, denen es nicht im Traum einfallen würde, Ehebruch zu begehen oder sich zu betrinken, lassen sich all zu leicht zum Stolz verführen, ohne sich darüber im Klaren zu sein, wie gefährlich das wirklich ist.

Der Erzengel Luzifer war wunderschön und wurde stolz. Der Wandel vom Erzengel Luzifer hin zu Satan wurde durch seinen Stolz besiegelt.

Durch die Menge deiner Sünden, in der Unredlichkeit deines Handels, hast du deine Heiligtümer entweiht.
(Vers 18)

Luzifer war für die Heiligtümer Gottes im Himmel verantwortlich gewesen. Er war für die Anbetung zuständig. Er war der Cherub gewesen, der den Ort, an dem sich die Gegenwart Gottes manifestiert hat, bedeckte. Er war für die Musik verantwortlich. Er war ein Künstler. Er war äußerst fähig. Dann rebellierte er und fiel. Stolz!

KAPITEL 2

DIE FRONTEN SIND ABGESTECKT

20 LUZIFER IST ENTLARVT!

KAPITEL 2

DIE FRONTEN SIND ABGESTECKT

Und Satan stellte sich gegen Israel.
(1. Chronik 21,1a)

Luzifer war vielleicht das weiseste und schönste aller Geschöpfe Gottes. Doch die Bibel sagt, dass sein Herz überheblich geworden war (siehe Hesekiel 28,2-19). Nachdem er wegen seiner Weisheit und Schönheit stolz geworden und seine Rebellion gegen Gott ausgeheckt hatte, wurde er aus der Gegenwart Gottes verbannt, und seine treulosen Engel wurden mit ihm verstoßen.

Um den Folgen der Rebellion Luzifers entgegenzuwirken, hat Gott einen Gegenplan entwickelt. Da die Wurzel der Rebellion Luzifers Stolz war, begegnete Gott dem mit der Erschaffung einer neuen Art von Wesen – einem Wesen, das den Platz Luzifers einnehmen sollte. Dieses neue Wesen, das Gott hierfür ersonnen hatte war der Mensch. Oder *'adam*, wie es im Hebräischen heißt, wobei Adam sowohl ein gebräuchlicher Vorname als auch der Name unserer menschlichen Rasse ist.

DER GEGENPLAN GOTTES

Gott erschuf Adam so, dass er sich von allen anderen Wesen unterschied. Die Art und Weise, wie Adam erschaffen wurde, war außergewöhnlich, und der Schöpfer hatte sich diese erdacht, um dem Stolz entgegenzuwirken. Adam entstammte einer anderen Quelle als alle anderen uns bekannten Geschöpfe, und zwar der niedrigsten und demütigsten. Und doch versetzte Gott ihn in die Lage, das allerhöchste Lebewesen zu werden. Gott verband in Adam das Niedrigste mit dem Höchsten. In 1. Mose wird die Erschaffung Adams wie folgt beschrieben:

> *Da bildete Gott, der HERR, den Menschen [oder 'adam], aus Staub vom Erdboden und hauchte in seine Nase Atem des Lebens; so wurde der Mensch eine lebende Seele.* (1. Mose 2,7)

Das ist für mich ein so anschauliches Bild. Und ich glaube, dass es sich genau so abgespielt hat, wie es hier beschrieben wird. Ich kann den großen Schöpfer sehen, denjenigen, durch den, wie es das Neue Testament, der ewige Sohn Gottes, das Wort Gottes, die zweite Person des dreieinigen Gottes, offenbart, alle Dinge erschaffen wurden. Ich sehe Ihn dort im Garten, wie Er sich bückt, um mit Seinen göttlichen Fingern eine vollkommene Gestalt aus Lehm zu erschaffen. Doch am Ende war diese Gestalt, obwohl sie so perfekt war, nur eine Lehmfigur. Dann bückte sich der Schöpfer noch tiefer hinunter. Er berührte mit Seinen göttlichen Lippen jene Lippen aus Lehm, Seine göttlichen Nasenlöcher und die Nasenlöcher aus Lehm waren nur noch einen Hauch voneinander entfernt, und dann blies Er den Atem des Lebens in ihn hinein.

Ich möchte bezüglich der Erschaffung des Menschen bzw. Adams fünf wesentliche Punkte nennen, die in diesem Abschnitt offenbart werden. Erstens werden hier zum ersten Mal in der Heiligen Schrift persönliche Namen verwendet. Es heißt, *„Gott, der HERR, bildete den Menschen [oder 'adam]."* *„Der HERR"* (in Großbuchstaben) ist der heilige, persönliche Name des wahren Gottes. Wir nennen ihn in der Regel *Jehovah*. Moderne Gelehrte sagen, dass die richtige Bezeichnung wohl *Yahweh* lautet. Doch das Wichtige bei der Sache ist: Es handelt sich um einen persönlichen Namen. Genauso ist Mensch (*'adam*) ein persönlicher Name. Also hat ein persönlicher Gott einen persönlichen Menschen für eine persönliche Beziehung zueinander geschaffen. Dies weist darauf hin, dass die primäre Absicht des Schöpfers darin bestand, mit seinem Geschöpf eine persönliche Beziehung zu haben.

> ALSO HAT EIN PERSÖNLICHER GOTT EINEN PERSÖNLICHEN MENSCHEN FÜR EINE PERSÖNLICHE BEZIEHUNG ZUEINANDER GESCHAFFEN.

Zweitens sehen wir, dass sich Gott bückte, um den Menschen zu erschaffen. Er beugte sich in den Staub hinunter und formte den Körper; dann bückte Er sich noch tiefer hinunter, legte Seine Lippen auf diese Lippen aus Lehm und blies Seinen göttlichen Atem in diesen Körper hinein. Gott musste sich hinunterbeugen, um den Menschen zu erschaffen.

Drittens ließ Gott den Menschen an sich selbst Anteil haben. Er blies Seinen eigenen göttlichen Atem in diesen Leib aus Lehm hinein.

Viertens bringt Gott als Ergebnis dessen im Menschen das Höchste und Niedrigste zusammen – das, was direkt von Gott stammt, und das, was von der Erde stammt, nämlich den Staub. Begreifen Sie etwas über Ihre eigene Person, wenn Sie hierüber nachdenken? In Ihnen gibt es etwas sehr Erhabenes und etwas sehr Niedriges. Und ein Großteil Ihrer Erfahrungen im Leben wird durch diesen Konflikt zwischen dem Erhabenen und dem Niedrigen in jedem von uns bestimmt.

Die fünfte Tatsache ist die, dass der Mensch nun eine zweifache Beziehung zu Gott haben kann. Durch den Geist, der von Gott gekommen ist, steht der Mensch in Verbindung mit Gott. Doch durch seinen Körper, der von der Erde genommen wurde, steht der Mensch in Verbindung zur Welt. Wir sehen also auch hier wieder etwas, das wir auf Grund unserer Erfahrungen bestätigen können. Etwas in uns hat diese Verbindung zu Gott, etwas, das dazu geschaffen wurde, um mit Ihm Gemeinschaft und eine persönliche Beziehung zu haben. Doch es gibt auch etwas in uns, das sehr irdisch ist und mit dieser Welt in Verbindung steht.

Und hier kommt das Bild des Gegenplans Gottes ins Spiel. Der geschaffene Cherub ist abgefallen. Damit nun Gott die Tendenz, stolz zu werden, abschwächen kann, erschuf Er eine neue Art von Wesen aus einer anderen Quelle – nämlich der Erde – der Er Sein eigenes göttliches Leben einhauchte.

DER GEGENANGRIFF SATANS

Satan, der bereits gefallene Engel, der Feind Gottes und der Menschen, schlug zurück. Er hegte aus zweierlei Gründen mit den Menschen eine besondere Feindseligkeit. Zum einen konnte er das Bild Gottes im Menschen angreifen. Der Grund hierfür war, dass der Mensch gegenüber dem Rest der Schöpfung Gott repräsentierte. Gott selbst konnte Satan nicht angreifen, doch er konnte Krieg gegen das Bild Gottes im Menschen führen. Es war ihm eine große Freude, dieses Bild zu beschmutzen, es zu zerstören, es herabzuwürdigen – und daran hat er unermüdlich gearbeitet.

Zum anderen hatte Satan auf den Menschen deshalb eine so rasende Wut, weil dieser dazu bestimmt war, den Herrschaftsplatz Satans einzunehmen. Vom Augenblick der Erschaffung des Menschen an sah Satan diesen als Rivalen, den es auszulöschen galt.

Ironischerweise verursachte Satan den Fall des Menschen mithilfe derselben Motive, die seinen eigenen Fall verursacht haben. Dieser Vorgang wird in 1. Mose beschrieben. Satan kam in der Gestalt einer Schlange in den Garten, in dem Gott Eva zusammen mit Adam ihren Platz gegeben hatte, und verführte sie zu Ungehorsam und Rebellion. Ihre Irreführung und ihr Fall wurden folgendermaßen festgehalten:

Und die Schlange war listiger als alle Tiere des Feldes, die Gott, der HERR, gemacht hatte; und sie sprach zu der Frau: Hat Gott wirklich gesagt: Von allen Bäumen des Gartens dürft ihr nicht essen? Da sagte die Frau zur Schlange: Von den Früchten der Bäume des Gartens essen wir; aber von den Früchten des Baumes, der in der Mitte des Gartens steht, hat Gott gesagt: Ihr sollt nicht davon essen und sollt sie nicht berühren, damit ihr nicht sterbt! Da sagte die Schlange zur Frau: Keineswegs werdet ihr sterben! Sondern Gott weiß, dass an dem Tag, da ihr davon esst, eure Augen aufgetan werden und ihr sein werdet wie Gott[a], erkennend Gutes und Böses.

(1. Mose 3,1-5)

Leider ist uns dieser Bericht nur all zu bekannt! Eva wurde von Satan in der Gestalt der Schlange dazu verführt, ihre Hand auszustrecken, die Frucht zu pflücken und ihren Mann davon zu überzeugen, mit ihr gemeinsam ungehorsam zu sein.

Ich möchte drei spezifische Phasen der Verführung – der Art und Weise, wie Satan Adam und Eva entgegentrat und sie zur Rebellion anstachelte – herausstellen.

VOM AUGENBLICK DER ERSCHAFFUNG DES MENSCHEN AN SAH SATAN DIESEN ALS RIVALEN, DEN ES AUSZULÖSCHEN GALT.

Der erste Angriff Satans richtete sich gegen das Wort Gottes, wie dieser es Adam und Eva eingeschärft hat. Gott hatte zu Adam gesagt:

„Vom Baum der Erkenntnis des Guten und Bösen,

davon darfst du nicht essen; denn an dem Tag, da du davon isst, musst du sterben!" (1. Mose 2,17)

Satan versuchte zunächst, das Wort Gottes zu hinter/fragen. Er sagte zu Eva: *„Hat Gott wirklich gesagt: Von allen Bäumen des Gartens dürft ihr nicht essen?"* (1. Mose 3,1)

Satan war zu raffiniert, um mit einer direkten Leugnung des Wortes Gottes anzufangen, also stellte er zunächst eine Frage. Sein Motiv war, das Wort Gottes zu verunglimpfen. Als Eva seiner Frage Raum gab, fuhr er damit fort, Gott selbst zu diskreditieren.

Als nächstes sagte die Schlange zu Eva:

„Keineswegs werdet ihr sterben! Sondern Gott weiß, dass an dem Tag, da ihr davon esst, eure Augen aufgetan werden und ihr sein werdet wie Gott, erkennend Gutes und Böses" (Verse 4 u. 5)

In welche Richtung diese Aussage gehen sollte, ist klar. Gott sollte als launischer Tyrann hingestellt werden, der Adam und Eva, nachdem Er sie geschaffen hatte, auf eine niedrigere Stufe stellte, als sie es verdient hätten. Satan folgerte, dass Gott wusste, dass sie das Potential und die Fähigkeit besaßen, etwas weitaus Größeres zu werden, doch dass Er sie völlig willkürlich und ohne Grund unterdrückte. Nachdem er zunächst das Wort Gottes verunglimpft hatte, wollte er nun den Charakter und das Wesen Gottes in Misskredit bringen. Er wollte ihnen ein falsches Bild über ihrem liebenden und gnädigen Schöpfer vermitteln. Er wollte Gott als einen launischen Despoten darstellen, indem er das Wort und das ureigenste Wesen – den Charakter – Gottes in Misskredit brachte.

In der dritten Phase brachte Satan Adam und Eva genau dasselbe Motiv nahe, das bereits seinen eigenen Fall verursacht hatte – die Aussicht darauf, Gott gleich zu sein. Er sagte:

> „An dem Tag, da ihr davon esst, eure Augen aufgetan werden und ihr sein werdet wie Gott, erkennend Gutes und Böses" (Vers 5)

Im Endeffekt sagte er damit: „Ihr müsst nicht mehr länger von Gott abhängig sein. Ihr werdet selbst genügend Wissen besitzen, um Gott gleich zu sein." Das war genau dieselbe Versuchung, die seinen eigenen Fall vorangetrieben hatte: „Ich will hinaufsteigen auf Wolkenhöhen, dem Höchsten mich gleichmachen" (Jesaja 14,14), hatte er gesagt. Jetzt sagt er zu Adam und Eva: „Ihr werdet sein wie Gott. Diese Position der Unterwerfung und Abhängigkeit, in der ihr euch befindet, ist eurer nicht würdig. Ihr seid eines höheren Schicksals fähig. Streckt euch aus nach dem Wissen, das euch frei machen wird von dieser sklavischen Abhängigkeit von eurem Schöpfer und ergreift es."

Es ist völlig eindeutig, dass die Sünde Adams eine Reproduktion der Verfehlung Satans war. Sowohl Satan als auch Adam waren auf einer bestimmten Ebene geschaffen – einer Ebene, die von Gott gesegnet, festgesetzt und bestimmt war. Doch durch den Stolz strebten beide nach Gleichheit mit Gott. Und indem sie nach Höherem strebten, fielen sie. Vergessen Sie nie:

> *„Denn jeder, der sich selbst erhöht, wird erniedrigt werden"* (Lukas 14,11a)

NOCH TIEFER HINUNTER

Wie würde Gott auf den Fall Adams reagieren? Bei der Erschaffung des Menschen hat Gott sich bis zum staubigen Boden hinuntergebeugt, doch als Er von der Schöpfung zur Erlösung weiterging, hat Er sich noch weiter hinuntergebeugt. Die Antwort Gottes auf Stolz ist immer Demut. Je mehr es Gott mit Stolz zu tun bekommt, desto mehr zeigt Er selbst Demut.

> JE MEHR ES GOTT MIT STOLZ ZU TUN BEKOMMT, DESTO MEHR ZEIGT ER SELBST DEMUT.

Der Mensch ist gefallen. Er war von Gott entfremdet, ein Rebell. Gott hat ihn jedoch nicht aufgegeben, wofür wir Ihm danken müssen. In der Person Jesu Christi hat sich Gott auf die unterste Ebene hinuntergebeugt. Er hat sich selbst mit der gefallenen Rasse identifiziert und sühnte ihre Schuld. Dann erhob er, um dem Ganzen die Krone aufzusetzen, diese gefallenen, aber erlösten Kreaturen in den höchsten Ort des Universums hinein und demonstrierte fortwährend ein unabänderliches Prinzip: „Der Weg nach oben führt nach unten."

Sehen wir uns nun zunächst einmal Schriftstellen

genauer an, die davon reden, wie sich Christus mit der menschlichen Rasse identifiziert und ihre Schuld ausgelöscht hat:

> *Da nun die Kinder Menschen von Fleisch und Blut sind, hat auch er in gleicher Weise Fleisch und Blut angenommen, um durch seinen Tod den zu entmachten, der die Gewalt über den Tod hat, nämlich den Teufel, und um die zu befreien, die durch die Furcht vor dem Tod ihr Leben lang der Knechtschaft verfallen waren.* (Hebräer 1,14-15; EÜ)

Ich habe bereits darauf hingewiesen, dass Adam, als er rebellierte, mitnichten ein König, sondern vielmehr ein Sklave geworden ist – ein Sklave Satans, ein Sklave des Todes, ein Sklave des Verderbens. Er war nicht mehr frei. Doch um ihn aus dieser Sklaverei zu befreien, nahm Jesus selbst die Natur Adams, die menschliche Form, an. Um mit uns das Menschsein zu teilen, nahm er die gleiche Gestalt aus Fleisch und Blut an, die uns ausmacht. Dies ist deshalb so entscheidend, weil Er durch Seinen Tod denjenigen, der die Macht des Todes hat (den Teufel) zerstören, und uns alle, die wir durch die Furcht vor dem Tod versklavt waren, befreien konnte.

Jesus hat völlige Identifikation erreicht. Um alle menschlichen Wesen erlösen zu können, nahm Jesus selbst Menschengestalt an, die Gestalt der gefallenen Kreatur. Dies wird im 1. Petrusbrief ausgesagt:

> *Er hat unsere Sünden mit seinem Leib auf das Holz des Kreuzes getragen, damit wir tot seien für*

die Sünden und für die Gerechtigkeit leben. Durch seine Wunden seid ihr geheilt. (1. Petrus 2,24; EÜ)

Am Kreuz wurde Jesus völlig eins mit unserer Sünde und Schuld. Er selbst wurde das letzte große Schuldopfer, das die Sünde und Schuld der Menschheit hinwegnahm. Er trug unsere Sünde. Er trug unsere Strafe. Unsere Wunden wurden zu Seinen Wunden. Und Er starb unseren Tod. Er zerstörte diese Schuld der Rebellion als unser Stellvertreter – der letzte Adam, der dort am Kreuz hing, Sein Lebensblut vergoss und sich völlig hingab, um uns zu erlösen.

Und dann diese schlichte Aussage:

Denn auch Christus ist der Sünden wegen ein einziges Mal gestorben, er, der Gerechte, für die Ungerechten, um euch zu Gott hinzuführen.
(1. Petrus 3,18a; EÜ)

Das ist vollkommene Identifikation. Der Gerechte nahm den Platz des Ungerechten, des Rebellen, des Außenstehenden ein, den Platz dessen, der sich gegen Gott gestellt hatte. Er starb den Tod, den wir verdient gehabt hätten, um uns von der Furcht vor dem Tod zu befreien und uns mit Gott zu versöhnen.

Wenn wir über die Identifizierung Christi mit uns hinausblicken, sehen wir, dass wir durch unseren Glauben und unsere Buße wiederum mit Christus identifiziert werden können – nicht nur in Seinem Tod, sondern auch in der auf diesen folgenden Erhöhung. Dies ist das große

DIE FRONTEN SIND ABGESTECKT

Geheimnis der Identifikation; zuerst Christus mit uns – und dann wir, durch den Glauben, mit Christus.

> *Gott aber, der voll Erbarmen ist, hat uns, die wir infolge unserer Sünden tot waren, in seiner großen Liebe, mit der er uns geliebt hat, zusammen mit Christus wieder lebendig gemacht. Aus Gnade seid ihr gerettet. Er hat uns mit Christus Jesus erhoben, auferweckt und uns zusammen mit ihm einen Platz im Himmel gegeben.*
> (Epheser 2,4-6; EÜ; z.T. wörtl. a. d. Engl.)

Unsere Errettung ist die andere Seite der Münze – die Kehrseite der Identifikation. Zunächst hat sich Jesus mit uns, der gefallenen Rasse, identifiziert. Er hat unseren Platz eingenommen. Er hat unsere Strafe bezahlt. Er starb unseren Tod. Er büßte für unsere Schuld. Wenn wir uns dieser Tatsachen bewusst werden und uns im Gegenzug mit Ihm im Glauben identifizieren, werden wir in allem was Seinem Tod folgt, mit Ihm identifiziert.

WER SICH ERNIEDRIGT, WIRD ERHÖHT WERDEN. WER SICH HINGEGEN ERHÖHT, WIRD ERNIEDRIGT WERDEN.

Dieser Abschnitt in Epheser 2 nennt drei große Schritte im Hinblick auf unsere Identifikation mit Jesus: Gott hat uns mit Christus lebendig gemacht, Gott hat uns erhoben, und Gott hat uns mit Christus auferweckt. Doch damit hört es noch nicht auf. Gott hat uns zusammen mit Ihm einen Platz im Himmel gegeben. Christus sitzt auf dem Thron; Gott hat uns mit Ihm einen Platz gegeben. Er hat uns mit Christus auf den Thron gesetzt. Beachten Sie diese drei ansteigenden Schritte unserer Identifikation mit

DIE FRONTEN SIND ABGESTECKT

Jesus: mit Ihm lebendig gemacht, mit Ihm auferweckt, mit Ihm auf den Thron gesetzt. Es ist dasselbe unveränderliche Prinzip: Der Weg nach oben führt nach unten. Wir gehen vom Niedrigsten bis zum Höchsten.

Erstaunlicherweise hat Gott diese erlösten Kreaturen, die gefallen waren und aufgehoben – erhöht – wurden, zu Seiner ewigen Demonstration gemacht dem gesamten Universum gegenüber, dass Gott das Niedrigste zum Höchsten erhebt. Bitte lassen Sei sich nicht entgehen, welches Prinzip sich durch die gesamte Erlösungsgeschichte zieht. Dies ist nicht nur eine geschichtliche Frage, sondern vielmehr eine Frage der Umsetzung eines universellen Gesetzes: Wer sich erniedrigt, wird erhöht werden. Wer sich hingegen erhöht, wird erniedrigt werden (s. wiederum Lukas 14,11).

EIN OPFER

Der Opfertod Jesu am Kreuz ist die einzige Grundlage der Vorsorge Gottes für jedwede Not der gesamten menschlichen Rasse. Gott hat, anstatt zu verschiedenen Zeiten verschiedene Taten zu vollbringen, *„mit einem Opfer (hat er) die, die geheiligt werden, für immer vollkommen gemacht"* (Hebräer 10,14). Der Verfasser des Hebräerbriefes erläutert, dass sich Jesus, nachdem Er dieses eine Opfer gebracht hat, *„sich für immer gesetzt (hat) zur Rechten Gottes"* (Vers 12). Warum hat Er sich hingesetzt? Weil Er diese Tat nie wieder vollbringen musste.

Durch das Kreuz brachte Jesus Satan und dessen Reich eine völlige, dauerhafte und unumkehrbare Niederlage ein. Jesus wird diese Tat nie wieder vollbringen müssen. Satan wurde bereits besiegt. Sie und ich müssen Satan nicht besiegen. Doch wir müssen den Sieg, den Jesus bereits errungen hat, anwenden, und in diesem Sieg wandeln.

Mit Freuden sagt Dank dem Vater, der euch fähig gemacht hat zum Anteil am Erbe der Heiligen im Licht. (Kolosser 1,12; z. T. LU)

Unser Erbe ist im Licht, und in diesem gibt es keinerlei Dunkelheit. Es ist völlig im Licht. Wie hat Er dies vollbracht?

Er hat uns errettet von der Macht [ich bevorzuge den Begriff ‚Herrschaftsbereich'] der Finsternis und hat uns versetzt in das Reich seines lieben Sohnes, in dem wir die Erlösung haben, nämlich die Vergebung der Sünden. (Verse 13 u. 14; LU)

Durch die Erlösung durch das Blut Jesu wurden wir also aus dem Herrschaftsbereich der Finsternis befreit und in das Reich des Sohnes der Liebe Gottes hinein versetzt oder „übertragen".

Das Wort, das mit *Herrschaftsbereich* oder *Macht* übersetzt wurde, entspricht eigentlich dem normalen griechischen Wort für „Autorität". Wenn wir von *Herrschaftsbereich* oder *Macht* reden, ist es für uns sehr wichtig zu verstehen, dass Satan Autorität besitzt. Warum besitzt er Autorität? Weil er der Herrscher über all diejenigen ist, die in Rebellion

DIE FRONTEN SIND ABGESTECKT

gegen Gott leben. Jeder, der gegen Gott rebelliert, steht automatisch unter der Autorität Satans. Er ist unter dem „Herrschaftsbereich der Finsternis."

Auch euch hat er auferweckt, die ihr tot wart in euren Vergehungen und Sünden,... (Epheser 2,1)

Hier ist nicht vom physischen Tod die Rede, sondern vom geistlichen Tod, und er trifft auf uns alle zu. Wir alle waren tot gegenüber Gott, weil wir in Übertretungen und Sünden gelebt haben.

...in denen ihr einst wandeltet gemäß dem Zeitlauf dieser Welt, gemäß dem Fürsten der Macht der Luft. (Vers 2a)

Satan ist der Herrscher mit Autorität in einem Bereich der Lüfte. Es gibt für das Wort *Luft* zwei verschiedene griechische Begriffe. Von dem einen stammt das Wort *Äther* ab, vom anderen das englische Wort für Luft: *Air*. Der Unterschied ist folgender: *Äther* bezeichnet die obere, dünnere Atmosphäre; *Aer* (im Englischen *Air*) ist die untere Atmosphäre, die direkt an die Erdoberfläche grenzt. Der hier verwendete Begriff bedeutet letzteres. Satan ist der Herrscher über den Autoritätsbereich an der Erdoberfläche, den an die Erde angrenzenden Bereich. Der Abschnitt aus Epheser sagt aus, er sei ...

...der Geist, der jetzt in den Söhnen des Ungehorsams wirkt. (Vers 2b; wörtl. a. d. Engl.)

Warum wirkt er in diesen Menschen? Weil sie Gott

DIE FRONTEN SIND ABGESTECKT

> **SATAN HAT DIE LEGITIME AUTORITÄT ÜBER ALL DIEJENIGEN, DIE IN REBELLION GEGEN GOTT LEBEN.**

ungehorsam sind. Wir haben nur zwei Möglichkeiten: Wir können uns entweder im Herrschaftsbereich Satans oder dem Herrschaftsbereich Gottes befinden. Es gibt keine dritte Möglichkeit. Wenn wir uns Jesus, dem von Gott eingesetzten Herrscher, unterstellt haben, besitzen wir das Recht, im Reich Gottes zu sein. Wenn wir Jesus, den von Gott eingesetzten Herrscher, abgelehnt oder nicht angenommen haben, sind wir im Reich Satans, weil wir Söhne des Ungehorsams sind. Satan hat die legitime Autorität über all diejenigen, die in Rebellion gegen Gott leben. Ob sie nun in Zungen reden oder nicht ist unwichtig. Satan regiert über alle Rebellen.

> *Unter diesen hatten auch wir einst alle unseren Verkehr in den Begierden unseres Fleisches, indem wir den Willen des Fleisches und der Gedanken taten...* (Vers 3a)

„Wir alle" haben dies getan. Jeder von uns. Beachten Sie auch, dass unsere Fehler nicht nur auf das Fleisch zurückzuführen waren. Unsere Gedanken waren ebenso von Gott entfremdet. Die Heilige Schrift sagt aus, dass die Gesinnung des Fleisches Feindschaft gegen Gott ist (s. Römer 8,7). In Ihrem Schädel wohnt ein Feind Gottes: die fleischliche Gesinnung.

Wenn wir in Epheser 2 weiterlesen, stoßen wir auf folgende Zeile:

...und von Natur Kinder des Zorns waren wie auch die anderen. (Vers 3b)

Dies ist eine sehr wichtige Aussage. Wir wurden mit einer ungehorsamen Natur geboren. Dies ist in der menschlichen Erfahrungswelt eine Tatsache. Wie viele Eltern mussten ihren Kindern jemals beibringen, ungezogen zu sein? 0 Prozent von ihnen, weil in jedem Nachfahren Adams die Natur eines Rebellen innewohnt. Adam hatte keine Kinder, bevor er zum Rebellen wurde. Aus diesem Grunde hat jeder Nachfahre Adams die Natur eines Rebellen geerbt. Diese Natur macht uns zum Untertanen der Autorität Satans.

DER AUSWEG

Gott bietet uns einen Ausweg aus dem Reich Satans und einen Weg hinein in das Reich Gottes an. Ich habe das so klar vor Augen. Als ich vor einigen Jahren in Sambia predigte, war ich in einer entlegenen Gegend direkt am Sambesi-Fluss, der an dieser Stelle die Grenze zwischen Sambia und Zaire markiert. Ich hatte eine Gemeinde von etwa vier- bis fünfhundert Afrikanern, und ich versuchte, ihnen diese wunderbare Tatsache näherzubringen, dass Gott für uns die Möglichkeit geschaffen hat, dem Reich Satans zu entfliehen und in das Reich Gottes hineinzukommen. Ich sagte zu ihnen: Nehmen wir einmal an, wir wären hier auf östlicher Seite des Sambesi-Flusses im Reich der Finsternis, doch auf der anderen Seite des Flusses befände sich das Reich des Lichts. Um vom Reich der Finsternis ins Reich des Lichts zu gelangen, würden wir eine Brücke über den Fluss benötigen. Dann sagte ich: Gott hat eine Brücke für uns gebaut. Es gibt nur eine Brücke - das Kreuz Jesu Christi. Wenn man diese Brücke benutzt, kann man vom Reich der Finsternis hinein ins Reich des Sohns der Liebe Gottes gelangen.

Gott möchte nicht, dass wir einfach auf der Brücke stehen bleiben. Er möchte, dass wir in ein anderes Reich hineinkommen und von nun an mit Jesus als Könige und Priester herrschen. Das ist unser Ziel. Hier gibt es ein Problem mit der christlichen Kirche - es gibt Abermillionen von Menschen, die das Reich der Finsternis hinter sich gelassen haben, sich aber noch immer auf der Brücke aufhalten. Sie sind nie im Reich Gottes angekommen. Viele Leute sagen: Ich bin errettet, und damit gut. Es ist wunderbar, errettet zu sein, doch das ist nicht das Ende. Die Brücke ist nur der Weg von einem Reich zum anderem. Das Neue Testament lehrt uns, dass uns Gott durch die Erlösung durch das Blut Jesu im Hier und Jetzt zu Königen und Priestern gemacht hat.

> GOTT HAT FÜR UNS DIE MÖGLICHKEIT GESCHAFFEN, DEM REICH SATANS ZU ENTFLIEHEN UND IN DAS REICH GOTTES HINEINZUKOMMEN.

Diejenigen, die den Überfluss der Gnade und der Gabe der Gerechtigkeit empfangen, werden im Leben herrschen durch den einen, Jesus Christus.
(Römer 5,17; z. T. wörtl. a. d. Engl.)

Ich möchte Ihnen eine direkte Frage stellen: Wo stehen Sie im Moment? Stehen Sie noch immer auf der Brücke herum? Oder regieren Sie im Leben mit Jesus? Alle glauben, dass sie im nächsten Leben herrschen werden. Das ist wunderbar, doch es ist nicht das, worüber sich Gott jetzt sorgt. Sein Interesse und Seine Sorge gilt vielmehr der Frage, wo wir in diesem Leben stehen.

WAS HAT JESUS VOLLBRACHT?

Es ist für uns sehr wichtig zu sehen, wie Jesus das vollbracht hat, was Er vollbracht hat.

> Die Fürsten und Gewalten hat er [Jesus] entwaffnet und öffentlich zur Schau gestellt; In ihm hat er den Triumph über sie gehalten. (Kolosser 2,15; z. T. EÜ)

Welche Fürsten und Gewalten hat Er durch das Kreuz entwaffnet? Wer steht für das Wort *sie*? Richtig, Satan und seine Gefolgsleute. In anderen Übersetzungen heißt es, dass Jesus am Kreuz die „Gewalten und Mächte" (z.B. Elberfelder Übersetzung) entwaffnet hat.

> Denn wir haben nicht gegen Menschen aus Fleisch und Blut zu kämpfen, sondern gegen die Fürsten und Gewalten [beachten Sie hier dieselbe Wortwahl wie in Kolosser 2,15], gegen die Beherrscher dieser finsteren Welt, gegen die bösen Geister des himmlischen Bereichs. (Epheser 6,12; EÜ)

Ich hatte das Vorrecht, seit meinem zehnten Lebensjahr Griechisch studieren zu dürfen. (Allerdings war dies nicht immer ein Vorrecht, das können Sie mir glauben!)

Jedenfalls bin ich berechtigt, Griechisch an Universitäten zu lehren. Dies bedeutet nicht, dass ich immer Recht habe, doch zumindest habe ich das Recht, meine sachkundige Meinung zu äußern. (Im Prinzip hat nie jemand immer Recht in Bezug auf die griechische Sprache; Griechisch ist eine sehr schwierige historische Sprache.) Doch ich möchte Ihnen die „Prince-Version" dieses Verses, in dem es um den Kampf gegen Fleisch und Blut geht, anbieten: „Denn unser Ringkampf richtet sich nicht gegen Personen mit Körpern."

Wir kämpfen nicht gegen Personen mit Körpern. Wir befinden uns in einem Ringkampf mit einem sehr mächtigen und bestens organisierten Reich, in dem es Fürsten, Unterfürsten und Unterunterfürsten gibt. Jeder Fürst ist Satan gegenüber verantwortlich für ein bestimmtes Gebiet, das unter seiner Autorität steht. Satan hat die ganze Welt in Gebiete aufgeteilt, die er durch diese Fürsten zu beherrschen versucht. Um mit der „Prince-Version" von Epheser 6,12 fortzufahren: „...gegen die Weltbeherrscher dieser gegenwärtigen Finsternis."

Ich verwende an dieser Stelle absichtlich das Wort *Beherrscher*, weil das hier verwendete griechische Wort sehr stark ist, und weil Beherrschung charakteristischerweise eine satanische Aktivität ist. Gott beherrscht niemals. Wenn Sie also auf Beherrschung treffen, können Sie sicher sein, es nicht mit Gott zu tun zu haben. Ich beziehe mich hier auf die Mächte, mit denen wir als „die Weltbeherrscher dieser gegenwärtigen Finsternis" zu tun haben. Die Zielsetzung Satans, die er kontinuierlich und konsequent verfolgt, ist, der Fürst dieser Welt zu werden. Wir erkennen dies beispielsweise sehr deutlich in Bezug auf die Endzeit. So wie ich die Prophetien dieser Zeit betreffend verstehe, wird es ganz am Ende der Zeit eine kurze Periode geben, in der Satan vorübergehend siegreich sein wird. Dazu wird es durch einen bestimmten Menschen kommen, der sich erheben wird, der sogenannte Antichrist, jemand, der durch Satan ermächtigt werden wird. Satan wird einen Großteil der Welt (diejenigen, deren Namen nicht im Buch des Lebens des Lammes verzeichnet sind) davon überzeugen, den Antichristen anzubeten. Indem sie ihn anbeten, werden sie im Grunde Satan anbeten, der ihn ermächtigt hat.

WENN SATAN ANBETUNG ERHALTEN KANN, BEKRÄFTIGT DIES SEINEN ANSPRUCH AUF GLEICHHEIT MIT GOTT.

Warum möchte Satan angebetet werden, und zwar mehr als alles andere? Dies hat mit seinem Verlangen zu tun, so wie Gott zu sein, was ja der Grund für seinen Fall war. Heute ist Satan nicht auf der Ebene, auf der er vor seinem Fall war, doch es gibt noch eine Möglichkeit, wie er mit Gott gleichziehen kann – durch Anbetung. Das ist **die** Handlung, die rechtmäßig nur Gott zusteht.

Doch wenn Satan Anbetung erhalten kann, bekräftigt dies seinen Anspruch auf Gleichheit mit Gott. Wenn wir uns des Konfliktes der beiden Reiche wirklich bewusst werden, sehen wir, dass Satan in erster Linie darauf bedacht ist, angebetet zu werden. Es ist auch sehr wichtig, dass wir erkennen, dass das, was wir anbeten, Macht über uns hat. Ich habe mit Menschen zu tun gehabt, die Satan angebetet haben. Glauben Sie mir: Diese Menschen frei zu bekommen ist ein großer Kampf, weil Satan davon überzeugt ist, legitime Machtansprüche über sie zu haben.

Die endgültige Beschreibung dieses satanischen Königreiches in Epheser 6 lautet „böse Geister des himmlischen Bereichs." In der englischen New King James Version heißt es hier „geistliche Heerscharen [oder Mächte] der Boshaftigkeit in den himmlischen Bereichen." Das Hauptquartier Satans befindet sich nicht in der Hölle, sondern in den himmlischen Bereichen. Die Sprache, die in der Gemeinde Jesu landläufig gesprochen wird, stimmt an dieser Stelle mit der Heiligen Schrift teilweise nicht überein. Leuten, die behaupten, dass Satan in der Hölle sei, entgegne ich: „Es wäre schön, wenn es so wäre, doch es ist nicht so." Satan kann sich weitestgehend frei bewegen. Petrus schrieb in seiner Warnung:

„Der Teufel, geht umher wie ein brüllender Löwe und sucht, wen er verschlingen kann."
(1. Petrus 5,8b)

Wir wollen uns nun näher mit der Tatsache auseinandersetzen, dass Jesus die Fürstentümer und Mächte Satans entwaffnet hat. Er hat ihnen all ihre Waffen weggenommen. Das Griechische ist sehr empathisch. Er hat ihnen nichts übrig gelassen. Wie hat Er das getan?

DIE HINDERNISSE BESEITIGEN

Zunächst einmal müssen wir verstehen, dass die größte Waffe Satans gegen die menschliche Rasse Schuld ist. Jesus hat ihm die Fähigkeit genommen, uns schuldig zu machen. Betrachten wir die Fakten, die wir kennen, genauer. Gott hat sich bereits vor der Erschaffung Adams mit Satan auseinandergesetzt. Satan war bereits ein gefallener Engel, der Feind Gottes und allem, was Er erschaffen hat – insbesondere des Menschen. Satan war dann auch damit erfolgreich gewesen, Adam zu derselben Rebellion zu verführen, die er selbst erwählt hatte. Die Versuchung Satans drückte sich in den Worten „ihr werdet wie Gott sein" aus, was genau der Punkt war, der ihn selbst zu Fall gebracht hatte.

Gehen wir einmal davon aus, dass Satan eine Menge über die Gefühle und die Haltung Gottes weiß, und dass er sich der Liebe Gottes für die menschliche Rasse bewusst ist. Im Buch Hiob lesen wir, dass sich Satan, als die Engel vor Gott traten, unter sie mischte (siehe Hiob 1,6). Zu jener Zeit hatte er noch immer einen gewissen Zugang zur Gegenwart Gottes. Darüber hinaus scheint der Text darauf hinzuweisen, dass nur der Herr allein die Gegenwart Satans wahrgenommen hat, weil sich dieser in einen Engel des Lichts verwandelt hatte.

Ich stelle mir vor, dass sich das Gespräch zwischen Satan und Gott wie folgt abgespielt haben könnte:

Satan sagt zum Herrn: „Du bist ein rechtschaffener

Gott. Du bist gerecht, und ich bin ein Rebell. Mir ist das bewusst. Darüber habe ich keinen Zweifel. Siehst Du den Feuersee dort drüben mit all dem abscheulichen Rauch, der aus ihm aufsteigt? Ich weiß, dass ich dort landen werde. Ich weiß, dass er für mich und meine Engel geschaffen wurde. Aber, Gott, ich möchte Dich mal an etwas erinnern. Siehst Du diese Männer und Frauen, die Du liebst? Sie sind so schuldig, wie ich es bin. Sie sind ebenso Rebellen. Wenn Du also mich und meine Engel in diesen See hineinwirfst, musst Du sie auch hineinwerfen. Gott, Deine Rechtschaffenheit macht dies erforderlich."

Wir können uns vielleicht vorstellen, dass Gott Satan über Jahrhunderte hinweg nicht geantwortet hat. Doch Gott hatte Seinen Plan. Sein Plan hieß Jesus. Und als Jesus kam, wurde Er zum letzten Adam, der abschließende, endgültige Repräsentant der Rasse Adams. Er nahm all die Schuld, all die Verdammnis und sämtliche schlimmen Konsequenzen der Verfehlung Adams auf sich. Er starb als „der letzte Adam", Er wurde als „der letzte Adam" beerdigt, und Er wurde als „der zweite Mensch" von den Toten auferweckt, das Haupt einer neuen Rasse. Auf diese Weise hat Jesus die Schuld der Rasse Adams ausgelöscht. Denjenigen, die an Jesus glauben, wird die Sünde Adams nicht mehr angerechnet. Als Ergebnis der Opfertat Jesu kann Gott uns nun vergeben, ohne bezüglich Seiner eigenen Gerechtigkeit Zugeständnisse machen zu müssen. Er hat durch den Tod Jesu Satan seines Arguments beraubt. Er hat es uns ermöglicht, von Gott ohne jede Verdammnis als

> DENJENIGEN, DIE AN JESUS GLAUBEN, WIRD DIE SÜNDE ADAMS NICHT MEHR ANGERECHNET.

gerecht angenommen werden zu können.

Wenn wir einen kurzen Blick auf den Kolosserbrief werfen, werden wir sehen, wie Jesus unsere Schuld hinweg genommen hat:

> *Und euch, die ihr tot wart in den Vergehungen und in der Unbeschnittenheit eures Fleisches, hat er mit lebendig gemacht mit ihm, indem er uns alle Vergehungen vergeben hat. Er hat den Schuldschein gegen uns gelöscht, der mit seinen Forderungen gegen uns war, und ihn auch aus unserer Mitte fortgeschafft, indem er ihn ans Kreuz nagelte.*
> (Kolosser 2,13-14; z. T. LU)

Durch den Tod Jesu kann uns Gott all unsere vergangenen Taten des Ungehorsams vergeben, ohne bezüglich Seiner Gerechtigkeit Zugeständnisse eingehen zu müssen. Wie viele dieser Taten kann Er vergeben? Alle. Wenn auch nur eine einzige Sünde unvergeben bliebe, hätten wir kein Anrecht darauf, in die Gegenwart Gottes zu treten. Gott sei Dank, dass Er es uns ermöglicht hat, sicher sein zu können, dass all unsere vergangenen sündigen Taten vergeben wurden.

> *Denn er [Jesus] ist unser Friede. Er hat aus beiden [Juden und Heiden] eins gemacht und die Zwischenwand der Umzäunung, die Feindschaft, in seinem Fleisch abgebrochen. Er hat das Gesetz mit seinen Geboten und Verordnungen beseitigt.*
> (Epheser 2,14-15a; z. T. wörtl. a. d. Engl.)

Nichts könnte klarer sein als dies. Er hat das Gesetz mit seinen Geboten und Verordnungen beseitigt.

> *Darum: aus Gesetzeswerken wird kein Fleisch vor ihm [Gott] gerechtfertigt werden; denn durch das Gesetz kommt es vielmehr zur Erkenntnis der Sünde.* (Römer 3,20; z. T. EÜ)

Wir sind gerechtfertigt. Die Heilige Schrift bezeugt, dass in den Augen Gottes kein menschliches Wesen durch das Halten des Gesetzes Gerechtigkeit erlangen kann. Nicht das Gesetz ist das Problem, sondern wir. Wir können es nicht einhalten. Und wir können das Gesetz nicht in verschiedene Abschnitte aufteilen und sagen: „Ich werde mich an Abschnitt A halten und die Abschnitte B und C ignorieren. Ich werde mich an Abschnitt D halten und dann noch ein paar andere Abschnitte." Das Gesetz ist ein Gesetz. Entweder halten Sie es vollständig – uneingeschränkt – die ganze Zeit über, oder Sie erlangen durch das Gesetz keine Gerechtigkeit. Es gibt keine andere Möglichkeit.

> *Denn die Sünde wird nicht über euch herrschen, denn ihr seid nicht unter Gesetz, sondern unter Gnade.* (Römer 6,14)

Beachten Sie, dass *Gesetz* und *Gnade* zwei einander ausschließende Alternativen sind. Wenn wir unter dem Gesetz sind, können wir nicht unter der Gnade sein. Wenn wir unter der Gnade sind, können wir nicht unter dem Gesetz sein. Für uns kann nicht beides gleichzeitig gelten. Wenn wir unter dem Gesetz sind, *wird* die Sünde über uns herrschen. Wenn wir unter der Gnade sind, *wird* laut Paulus die Sünde *nicht* über uns herrschen, weil wir nicht unter dem Gesetz sind.

IN FREIHEIT LEBEN

Denn so viele durch den Geist Gottes geleitet werden, die sind Söhne Gottes. (Römer 8,14)

Wie leben wir als Söhne (und Töchter) Gottes? Indem wir durch den Heiligen Geist geleitet werden. Das ist eine entscheidende Wahrheit, die der Beachtung der meisten Christen entgangen ist. Wir reden darüber, errettet zu sein, im Geist getauft zu sein, im Wasser getauft zu sein, und das war's. Doch das ist lediglich der Eingang. Das Leben wird täglich, stündlich, jeden Augenblick vom Heiligen Geist geleitet.

Denn Christus ist des Gesetzes Ende, jedem Glaubenden zur Gerechtigkeit. (Römer 10,4)

Wenn wir glauben, ist Christus für uns das Ende des Gesetzes zur Gerechtigkeit. Nicht das Ende des Gesetzes als Teil des Wortes Gottes. Nicht das Ende des Gesetzes als Teil der Kulturgeschichte Israels – doch das Ende des Gesetzes als Mittel, um Gerechtigkeit bei Gott zu erlangen. Dies gilt für jeden, der glaubt: ob Jude oder Heide, Protestant oder Katholik. Das macht keinen Unterschied. Wenn wir von Gott durch den Tod Jesu als gerecht erachtet werden, bedeutet dies das Ende des Gesetzes.

DIE FRONTEN SIND ABGESTECKT

Wenn ihr aber durch den Geist geleitet werdet, seid ihr nicht unter Gesetz. (Galater 5,18)

Wir können wählen, aber wir können nicht beides gleichzeitig haben. Jesus hat es uns ermöglicht, schuldlos und nicht verdammt zu sein. Er hat das Gesetz als Mittel, um Gerechtigkeit bei Gott zu erlangen, aufgehoben. So lange wir versuchen, Gerechtigkeit zu erlangen, indem wir ein Gesetz halten, werden wir nie der Verdammnis und Verurteilung entgehen. Wir können nie sicher sein, genug getan zu haben. Wir können nie sicher sein, dass wir nicht vor dem Ende des Tages irgendeinen Aspekt des Gesetzes gebrochen haben.

Ich sage damit nicht, dass wir gesetzlos oder ungehorsam sein sollen. Was ich sage, ist, dass wir niemals durch das Einhalten gewisser Regeln bei Gott Gerechtigkeit erlangen werden. Dies versuchen zu wollen ist eine Beleidigung gegenüber Gott, weil wir Ihm im Endeffekt damit sagen: „Jesus hätte nicht sterben müssen. Ich hätte es auch ohne Ihn geschafft." Was für eine schreckliche Aussage: dass der Tod Jesu nicht notwendig gewesen wäre. Wir sind also freigesetzt von Verdammnis auf der Grundlage dieser beiden Tatsachen. Erstens können unsere vergangenen Sünden völlig vergeben werden – und zwar *alle*. Zweitens wird von uns nicht verlangt, ein Gesetz zu halten, um bei Gott Gerechtigkeit zu erlangen.

> WIR WERDEN NIEMALS DURCH DAS EINHALTEN GEWISSER REGELN BEI GOTT GERECHTIGKEIT ERLANGEN.

KAPITEL 3

KRIEG GEGEN DAS REICH DER FINSTERNIS

KAPITEL 3

KRIEG GEGEN DAS REICH DER FINSTERNIS

Damit ihr an dem bösen Tag widerstehen und, wenn ihr alles ausgerichtet habt, stehen bleiben könnt!
(Epheser 6,13b)

Was den geistlichen Krieg betrifft, hat Christus eindeutig den Sieg erlangt. Er überlässt es jedoch uns, diesem Sieg Geltung zu verschaffen. Es ist sehr wichtig, dass wir das verstehen. Wenn wir den Sieg erlangen müssten, würden wir dies niemals schaffen. Es ist gut für uns, dass wir dies nicht müssen. Jesus sagte: „Ich habe den Sieg erlangt." Es ist unsere Aufgabe, dem Sieg, den Er erlangt hat, Geltung zu verschaffen.

Wir erkennen dieses Prinzip nach der Auferstehung, als Jesus Seinen Jüngern erschien und sagte:

Mir ist alle Macht gegeben im Himmel und auf Erden. Darum geht hin und macht alle Nationen zu Jüngern.
(Matthäus 28,18b-19a; z. T. wörtl. a. d. Engl.)

Es ist eindeutig, dass Jesus den Sieg errungen hat. Wir müssen die Autorität ausüben. In gewisser Hinsicht ist Seine Autorität völlig unwirksam, solange wir sie nicht ausüben. Die Welt kann nur dann vollkommen verstehen, was Jesus vollbracht hat, wenn wir Seine Autorität in Seinem Namen ausüben und alle Nationen zu Jüngern machen. Dies ist ein klares biblisches Prinzip. Jesus hat es vollbracht; wir müssen es anwenden.

Es gibt zwei Fehler, die wir nicht begehen dürfen. Der erste ist, zu denken, dass wir den Sieg erlangen müssen. Jesus hat den Sieg bereits erlangt, also müssen wir dies nicht mehr tun. Der zweite Fehler ist, zu meinen, dass es für uns nichts mehr zu tun gäbe. Dies stimmt genauso wenig. Wir müssen Schritte unternehmen, um den Sieg, den Jesus erlangt hat, praktisch anzuwenden.

Den ersten Schritt, den wir machen müssen, ist, die gesamte Waffenrüstung Gottes anzulegen. In Epheser 6 hat Paulus zunächst über das Reich Satans im himmlischen Bereich gesprochen und gleich anschließend folgendes gesagt:

> **Deshalb** *ergreift die ganze Waffenrüstung Gottes, damit ihr an dem bösen Tag widerstehen und, wenn ihr alles ausgerichtet habt, stehen bleiben könnt!*
> (Epheser 6,13; Hervorhebung vom Autor)

Beachten Sie, dass wir sie ergreifen müssen. Die Waffenrüstung wächst nicht aus uns heraus, und Gott zieht sie uns auch nicht an. Wir müssen sie selbst anlegen. Paulus schrieb Menschen, die Christen waren

– vergleichbar mit Ihnen und mir – und er gab *ihnen* die Aufgabe, die Waffenrüstung zu ergreifen.

VERTEIDIGUNGSWAFFEN

Zunächst wollen wir einen Blick auf den 2. Korintherbrief werfen, in dem Paulus an alle Christen schreibt. Diese Worte wurden nicht nur an Apostel und Pastoren gerichtet. Sie gelten allen Christen.

Denn obwohl wir im Fleisch wandeln, kämpfen wir nicht nach dem Fleisch. (2. Korinther 10,3)

Paulus schreibt, dass wir in physischen Körpern leben und in einen Krieg involviert sind. Doch der Krieg spielt sich nicht auf physischer Ebene ab. Wenn sich der Krieg also nicht auf der physischen Ebene abspielt, muss er sich auf der geistlichen Ebene abspielen.

WIR MÜSSEN SCHRITTE UNTERNEHMEN, UM DEN SIEG, DEN JESUS ERLANGT HAT, PRAKTISCH ANZUWENDEN.

Denn obwohl wir im Fleisch wandeln, kämpfen wir nicht nach dem Fleisch; denn die Waffen unseres Kampfes sind nicht fleischlich, sondern mächtig für Gott zur Zerstörung von Festungen; so zerstören wir Vernünfteleien und jede Höhe, die sich gegen die Erkenntnis Gottes erhebt, und nehmen jeden Gedanken gefangen unter den Gehorsam Christi.
(Verse 4 u. 5)

In der englischsprachigen New King James Version der Bibel ist an der Stelle, an der hier *„Vernünfteleien"* steht, von *„Argumenten"* die Rede. In anderen Übersetzungen tauchen Begriffe wie *„Gedankengebäude"* oder *„Mutmaßungen"* auf. Des Weiteren finden wir in dem Vers die Worte *Erkenntnis* und *Gedanken*. Wenn wir uns all diese Begriffe – *Vernünfteleien, Argumente, Gedankengebäude, Mutmaßungen, Erkenntnis und Gedanke* – etwas genauer ansehen, stellen wir fest, dass sie alle in denselben Bereich gehören: dem Verstand. Das ist eine wesentliche Tatsache. Das Schlachtfeld ist der Verstand. Dort wird die Schlacht geschlagen. Ich bin sicher, dass dies jeder, der versucht, sein Leben als Christ zu leben, festgestellt hat. Vielleicht erkennen wir dies nicht immer als theologische Tatsache, doch Fakt ist, dass sich die meisten Schlachten in unserem Verstand abspielen.

Ein anderer Punkt, den wir bezüglich unseres Kampfes bedenken müssen, ist, dass sich unser Reich mit dem Reich Satans im Krieg befindet, wobei wir nicht vergessen dürfen, dass wir alle in diesen Kampf involviert sind. Wir sind Bürger des Reiches Gottes; aus diesem Grunde befinden wir uns im Krieg mit Satan.

DIE BESCHAFFENHEIT VON FESTUNGEN

Die Waffen, die Gott uns gegeben hat, haben die Macht, Festungen niederzureißen. Wessen Festungen reißen wir nieder? Die Festungen Satans. Und auf welcher Ebene?

Auf der Verstandesebene.

Satan errichtet viele verschiedene Festungen in der Gedankenwelt von Menschen, doch wenn ich eine wählen soll, um alle von ihnen zusammenzufassen, wäre dies das Wort *Vorurteile*. Vorurteile zu haben bedeutet, dass man sich bereits seine Meinung gebildet hat, bevor man die Tatsachen kennt. Die typische Aussage eines Menschen, der Vorurteile hat, lautet: „Ich habe mir meine Meinung bereits gebildet; verwirre mich nicht mit den Tatsachen!" In seiner Formenvielfalt sind Vorurteile eine der mächtigsten Festungen Satans. Er errichtet Vorurteile in den Gedanken der Menschen als eine Festung, um zu verhindern, dass die Wahrheit des Evangeliums Eingang findet und ihr Werk verrichten kann.

> WIR SIND BÜRGER DES REICHES GOTTES; AUS DIESEM GRUNDE BEFINDEN WIR UNS IM KRIEG MIT SATAN.

Wir sehen dies sehr deutlich bei Leuten, die in Sekten und falsche Religionen verstrickt sind. Ein Gläubiger kann ihnen auf beste Weise die Bibel zitieren, doch weil ihr Verstand völlig umprogrammiert wurde, verstehen sie nichts. Sie antworten einem auf eine charakteristische Art und Weise. Und dies stellt eine Festung in ihrem Verstand dar, die die Wahrheit des Wortes Gottes davon abhält, Eingang zu finden.

Dies trifft auch auf Begegnungen mit Muslimen zu. Auch wenn sie gewisse Wahrheiten über Jesus glauben mögen, und sogar anerkennen, dass Er der Messias war, und sogar der Tatsache beipflichten, dass Er von einer Jungfrau geboren wurde, so gibt es doch zwei Dinge, die sie niemals bekunden werden: Erstens, dass Jesus am Kreuz gestorben ist. Mohammed lehrte, dass ein Engel Jesus vor Seinem Tod hat verschwinden lassen. Zweitens leidenschaftlich der Aussage widersprechen, dass Er der Sohn Gottes ist. Dies sind die Festungen in der Gedankenwelt der Muslime. Und es sind sehr mächtige Festungen. Ein Muslim mag sich in seinem Interesse an Jesus weit auf den christlichen Glauben zubewegen, doch wenn er anerkennen soll, dass Jesus der Sohn Gottes ist, errichtet sich um ihn herum eine Mauer. Nur übernatürliche Waffen können diese Mauer zerstören.

DIE BESCHAFFENHEIT UNSERER WAFFEN

Wir wollen uns nun einige der Waffen, wie sie im Epheserbrief beschrieben werden, näher ansehen:

Deshalb ergreift die ganze Waffenrüstung Gottes, damit ihr an dem bösen Tag widerstehen und, wenn ihr alles ausgerichtet habt, stehen bleiben könnt! So steht nun, eure Lenden umgürtet mit Wahrheit, bekleidet mit dem Brustpanzer der Gerechtigkeit und beschuht an den Füßen mit der Bereitschaft zur Verkündigung des Evangeliums des Friedens! Bei alledem ergreift den Schild des Glaubens, mit dem ihr alle feurigen Pfeile des Bösen auslöschen könnt! Nehmt auch den Helm des Heils und das Schwert des Geistes, das ist Gottes Wort! Mit allem Gebet und Flehen betet zu jeder Zeit im Geist.

(Epheser 6,13-18a)

DER GÜRTEL DER WAHRHEIT

Ein Ausdruck, der in der Bibel recht häufig verwendet wird, ist „Gürte deine Lenden." Um diese Aussage zu verstehen, müssen wir uns bewusst machen, dass in biblischen Tagen sowohl Männer als auch Frauen lange Gewänder trugen, die bis unter die Knie reichten. Um einer aktiven Betätigung nachgehen zu können, musste man Kniefreiheit bekommen, indem man die langen Gewänder über die Knie bekam. Um dies zu bewerkstelligen, legte man einen Gürtel an, zog das lange Gewand hoch, und steckte es in den Gürtel. Anschließend war man tatbereit. Solange man dies nicht tat, war man nicht zur Tat bereit, weil einem das lange Gewand behindert hätte.

Was hat das mit uns zu tun? Ich glaube, dass die „langen Gewänder", die uns beeinträchtigen, eine religiöse Ausdrucks- und Verhaltensweise sein können. Wir müssen selbst schonungslos ehrlich sein mit uns und – je nach dem, wie der Heilige Geist führt – auch mit anderen Menschen. Wir können uns nicht mit religiösen Klischees belasten. Sie sind ein schlimmes Hindernis, wenn wir wahrhaftig hingegebene Christen sein wollen.

> WAS WIR IM HERZEN HABEN, WIRD LETZTENDLICH DEN KURS UNSERES LEBENS BESTIMMEN.

Wir können uns nicht hinter religiösem Gerede verstecken; wir müssen ehrlich und aufrichtig sein.

DER BRUSTPANZER DER GERECHTIGKEIT

Den Bereich des Körpers, den der Brustpanzer schützt, ist die Herzgegend. Die folgende Aussage Salomos war immer ein Segen für mich:

> *Behüte dein Herz mit allem Fleiß, denn in ihm entspringt die Quelle des Lebens.*
> (Sprüche 4,23; z. T. LU)

Was wir im Herzen haben, wird letztendlich den Kurs unseres Lebens bestimmen – zum Guten oder zum Schlechten. Deshalb ist es so wichtig, dass wir unser Herz vor allen schlechten Dingen bewahren, und weshalb Paulus über den Brustpanzer der Gerechtigkeit als Schutz für das Herz sprach.

Paulus ging in einem anderen seiner Briefe noch einmal auf diesen Bereich der Waffenrüstung zurück und nannte ihn den *„Brustpanzer des Glaubens und der Liebe"* (1. Thessalonischer 5,8). Er beschrieb an dieser Stelle den Brustpanzer aus einem anderen Blickwinkel. Wenn wir diese beiden Abschnitte miteinander verbinden, stellt sich *„der Brustpanzer der Gerechtigkeit"* als *„Brustpanzer des Glaubens und der Liebe"* dar. Dies sagt etwas darüber aus, an welche Art von Gerechtigkeit Paulus dachte. Nicht die Gerechtigkeit aus Werken heraus, nicht die Gerechtigkeit eines religiösen Gesetzes, sondern die Gerechtigkeit, die nur durch den Glauben entsteht.

DIE SCHUHE DES EVANGELIUMS

Diesen Bestandteil der Waffenrüstung mit der Bezeichnung Schuhe nenne ich lieber „die Stiefel der Vorbereitung auf das Evangelium des Friedens." Römische Soldaten trugen Lederstiefel, die die ganze Wade hinauf geschnürt waren. Diese Stiefel saßen wirklich fest. Die Heilige Schrift macht deutlich, dass wir unsere Stiefel tragen müssen. Wir müssen darauf vorbereitet sein, die Botschaft des Evangeliums des Friedens zu überbringen. Tatsache ist, dass, wenn wir im eigenen Herzen keinen Frieden haben, wir anderen nicht wirklich recht viel weitergeben können. Wir müssen der Heiligen Schrift glauben und sie kennen. Wir müssen dazu in der Lage sein, andere Menschen auf die Wahrheit des Wortes Gottes hinzuweisen. Das ist die Vorbereitung auf das Evangelium des Friedens.

DER SCHILD DES GLAUBENS

Im Neuen Testament ist von zwei Arten von Schilden die Rede: der eine ist ein kleiner, runder Schild; der andere ein langer, ovaler Schild, der die ganze Person bedecken kann. Der Schild, von dem in diesem Abschnitt die Rede ist, ist dieser lange, ovale Schild, hinter dem jemand vollständig verdeckt sein kann. Das ist der Schild des Glaubens.

DER HELM DES HEILS

Welcher Bereich des Menschen wird durch den Helm geschützt? Der Verstand und die Gedankenwelt. Da ich selbst mit Depressionen zu kämpfen hatte, hat Gott mir bereits frühzeitig gezeigt, dass ich meine Gedankenwelt schützen muss. Als ich fragte, wie ich dies tun solle, kam die Antwort aus dem Wort Gottes: Der Helm des Heils.

Als Gott mir diese Wahrheit verdeutlichte, sagte ich zu mir: *„Ich weiß, dass ich errettet bin. Bedeutet dies, dass ich bereits den Helm des Heils habe?"* Die Antwort kam, als ich sah, dass Paulus in diesem Abschnitt zu Menschen sprach, die errettet und im Geist getauft waren. Und doch sagte er zu ihnen, sie sollen den Helm des Heils nehmen. Wir haben nicht automatisch durch unsere Errettung den Helm. Wir müssen ihn ganz eindeutig „aufsetzen."

> SO WIE DER GLAUBE UNSER HERZ BEWAHRT, BEWAHRT DIE HOFFNUNG UNSERE GEDANKENWELT.

In 1. Thessalonicher finden wir einen sehr nützlichen Querverweis: *„Und mit dem Helm der Hoffnung auf das Heil."* (1. Thessalonicher 5,8; LU u. EÜ) Es hat mir sehr geholfen zu entdecken, dass der Helm aus *Hoffnung* besteht. So wie der Glaube unser Herz bewahrt, bewahrt die Hoffnung unsere Gedankenwelt vor Depression und

Entmutigung. Biblischen Glauben finden wir im Bereich des Herzens: „Mit dem Herzen wird geglaubt" (Römer 10,10). Doch Hoffnung ist im Bereich des Verstandes. Der Verfasser des Hebräerbriefes sagte: „Der Glaube aber ist eine Verwirklichung dessen, was man hofft" (Römer 11,1). Auf der Grundlage des Herzensglaubens können wir Hoffnung in unseren Gedanken haben.

DAS SCHWERT DES GEISTES

In der Liste der geistlichen Waffenrüstung gibt es noch einen weiteren Ausrüstungsgegenstand: Das Schwert des Geistes – das Wort Gottes. Viele von uns sind vielleicht schon mit dem wissenschaftlichen Unterschied zwischen *logos* und *rhema* vertraut – *logos* ist der ewige Ratschluss Gottes und *rhema* das gesprochene Wort Gottes. In diesem Zitat aus Epheser 6 heißt es, dass das Schwert des Geistes das *rhema* Gottes ist. Mit anderen Worten: Nicht die Bibel auf dem Nachttisch lässt das Wort Gottes wirksam werden, sondern wenn wir es mit unserem Munde aussprechen. Das ist ein Schwert. So hat Jesus es verwendet, als Satan Ihm in der Wüste gegenübertrat. Drei Mal sagte Er: *„Es steht geschrieben"* (Matthäus 4,4-10 und Lukas 4,4-10). Dadurch wird *logos*, das geschriebene Wort, zu Ihrem *rhema*. Und das ist es, was Satan zurückdrängt.

DIE SIEBENTE WAFFE

Wenn wir diese Liste mit sechs Ausrüstungsgegenständen analysieren, sehen wir, dass es sich im Wesentlichen um Defensivwaffen handelt – mit Ausnahme des Schwertes. Dieses ist eine Offensivwaffe. Doch selbst in diesem Falle muss uns bewusst sein, dass das Schwert ja auch nur in dem Bereich wirksam werden kann, in den unser Arm hineinreicht. Ohne zusätzliche Waffen können wir das Reich Satans nicht zerstören.

Wann immer ich in der Bibel von etwas Gutem sechs Dinge oder Punkte finde, suche ich (und das nur aus meiner persönlichen Beobachtung heraus) tendenziell nach einem siebenten. Wenn wir also diese Liste mit sechs Punkten betrachten, müssen wir nach einem siebenten suchen. Ich glaube, dass diese siebente Waffe am Ende des Abschnitts präsentiert wird: *„Mit allem Gebet und Flehen betet zu jeder Zeit im Geist"* (Epheser 6,18).

Gebet ist unser Mittel, um aus der Beschränkung der Reichweite unseres Armes auszubrechen. Gebet ist grenzenlos. Es ist unsere „Interkontinentalrakete". Wir können sie von überall aus abfeuern. Bei der Waffe des Gebets gibt es drei Hauptkomponenten, die zum Gelingen beitragen: das Wort Gottes (das *logos*), der Name Jesu sowie das Blut Jesu.

Obwohl das Gebet eine mächtige Waffe ist, müssen wir doch etwas tun, um es „abzuschießen". Jede Rakete benötigt eine Startvorrichtung. Jede Bombe benötigt eine

Abwurfvorrichtung. Jede Kugel benötigt etwas, mit dem sie abgefeuert wird. Ich würde sagen, dass für die Waffe des Gebets dasselbe gilt. Es benötigt etwas, durch das es „abgefeuert" wird. Denken Sie daran, dass wir bezüglich der siebenten Waffe gegen das Reich Satans die Hauptbestandteile der Waffe haben: das Wort Gottes, den Namen Jesu und das Blut Jesu. Wie können wir sie gegen das Reich Satans einsetzen? Meiner Erfahrung nach müssen wir die vier Hauptmöglichkeiten des Abfeuerns dieser siebenten Waffe nutzen: *Gebet, Lobpreis, Predigt* und *Zeugnis geben*.

Doch diese vier Startvorrichtungen sind nur dann effektiv, wenn sie mit dem Wort Gottes, dem Namen Jesu und dem Blut Jesu (den Hauptbestandteilen der Waffe des Gebets) beschickt sind.

WIR BRAUCHEN DIE KRAFT GOTTES

Aus dem Munde der jungen Kinder und Säuglinge hast du eine Macht zugerichtet um deiner Feinde willen, dass du vertilgest den Feind und den Rachgierigen. (Psalm 8,3; LU)

Wer ist der „Feind" und der „Rachgierige"? Satan. Wer sind die anderen Feinde? Das Reich Satans, seine Fürsten und Gewalten im himmlischen Bereich.

Wir müssen erkennen, dass wir Gottes übernatürliche Kraft brauchen. Das Christentum ist eine Religion des

Übernatürlichen. Ich habe mir einmal die Apostelgeschichte durchgelesen und einmal ausprobiert, was geschehen würde, wenn ich sämtliche Stellen, die sich offenkundig mit Übernatürlichem befassen (– nicht nur innerliche übernatürliche Erfahrungen, sondern sichtbare Vorgänge, die von den Sinnen erfasst werden können –), entfernen würde. Am Ende meiner Untersuchung der 28 Kapitel umfassenden Apostelgeschichte stellte ich fest, dass nicht eines dieser 28 Kapitel vollständig geblieben wäre, wenn ich alles Übernatürliche entfernt hätte. Die einzige biblische Aufzeichnung darüber, wie die Gemeinde Jesu tatsächlich agieren soll, bestätigt, dass wir nicht allein durch unsere eigene natürliche Fähigkeit effektiv funktionieren und den Willen Gottes erfüllen können. Wir brauchen die übernatürliche Beihilfe des Heiligen Geistes. Und eine Hauptform dieser Beihilfe ist die Liste der übernatürlichen Gaben des Heiligen Geistes aus dem zwölften Kapitel des 1. Korintherbriefes.

ICH GLAUBE, DASS DIE GEMEINDE JESU HEUTZUTAGE IN ERSTER LINIE DIE ÜBERNATÜRLICHE KRAFT GOTTES BRAUCHT.

Eine Aussage des Apostels Paulus fasst das, was ich sage, zusammen: *„Denn das Reich Gottes besteht nicht im Wort, sondern in Kraft."* (1. Korinther 4,20)

Es geht hier nicht um eine theologische Frage, wenngleich die Theologie sehr wohl ihren Platz hat. Es geht auch nicht um eine Frage der Erörterung und ebenso wenig um eine Frage intellektueller Beweisführung. Vielmehr geht es um die Demonstration der übernatürlichen Kraft Gottes.

Ich glaube, dass die Gemeinde Jesu heutzutage in erster Linie die übernatürliche Kraft braucht, insbesondere, wenn wir von Millionen von Muslimen umgeben sind. Nichts wird die Gedankenwelt von Muslimen effizienter erreichen als die Demonstration der übernatürlichen Kraft Gottes. Wir haben persönlich eine beispiellose Chance. Anstatt dass wir zu den Muslimen gehen mussten, sind sie zu uns gekommen. In der Vergangenheit konnten wir nicht in ihre Länder reisen, um dort das Evangelium zu verkünden, weil wir sonst ins Gefängnis gesperrt oder exekutiert worden wären. Doch Gott hat es so arrangiert, dass die Muslime zu uns gekommen sind. Die Frage, die sich stellt, lautet: Was fängt die Gemeinde Jesu mit dieser Chance an? Es ist für die Gemeinde Jesu an der Zeit, aufzustehen und zu erklären: „Wir werden ihnen zeigen und veranschaulichen, dass Jesus lebt."

DER HÖHEPUNKT UNSERES GEISTLICHEN KAMPFES

Zum Abschluss unserer Betrachtung über unsere Rolle im Krieg zwischen dem Reich Gottes und dem Reich Satans wollen wir einen Blick auf den prophetischen Höhepunkt dieses Krieges aus dem Buch der Offenbarung werfen:

Und es entstand ein Kampf im Himmel: Michael und seine Engel kämpften mit dem Drachen. Und der Drache kämpfte und seine Engel; doch sie bekamen nicht die Übermacht, und im Himmel wurde keine Stätte mehr für sie gefunden. Und es wurde

hinausgeworfen der große Drache, die alte Schlange, der Teufel und Satan genannt wird, der den ganzen Erdkreis verführt.
(Offenbarung 12,7-9b; z. T. wörtl. a. d. Engl.)

Dieser Abschnitt liefert uns die vollständigste Beschreibung Satans in nur einem Vers. Das Wort Teufel (im Griechischen *diabolos*) bedeutet „Verleumder" oder „jemand, der falsche Anschuldigungen erhebt." Satan bedeutet „Feind" oder „Gegner". Er ist der Verleumder, der Gott, dem Volk Gottes und den Absichten Gottes entgegentritt, während er die gesamte Welt verführt.

Der große Drache wird an dieser Stelle aus seinem Reich in den himmlischen Bereichen hinausgeworfen. Dies ist nicht nur der Höhepunkt des Krieges, sondern auch die Beschreibung unseres Sieges. Darum ist er so wichtig.

Und ich hörte eine laute Stimme im Himmel sagen: Nun ist das Heil und die Kraft und das Reich unseres Gottes und die Macht [oder Autorität] seines Christus gekommen; denn der Verkläger unserer Brüder, der sie Tag und Nacht vor unserem Gott verklagte, ist hinab geworfen.
(Vers 10; Wortfolge z.T. wörtl. a. d. Engl.)

Die Aussagen in diesem Abschnitt werden von den Engeln gemacht. Wenn sie also sagen „unsere Brüder", sprechen sie über uns. Was tut Satan jetzt also gerade? Er klagt uns an. Wo? Vor dem Thron Gottes. Ist das nicht eine erschreckende Tatsache? Und Satan bringt diese Anklagen Tag und Nacht vor. Sein alleiniges Ziel ist es, unsere Schuldigkeit zu belegen. (Kleine Randbemerkung: Wir können ihn nicht wirklich besiegen, solange wir nicht wissen, wie wir mit seiner Waffe der Schuld umgehen müssen.)

DAS MÄCHTIGSTE GEHEIMNIS

Ich möchte an dieser Stelle an Sie weitergeben, was ich für das mächtigste Geheimnis aus der Heiligen Schrift halte, das Gott mir je offenbart hat. Ich erachte es als höchst wertvoll:

Und sie haben ihn überwunden wegen des Blutes des Lammes und wegen des Wortes ihres Zeugnisses, und sie haben ihr Leben nicht geliebt bis zum Tod! (Offenbarung 12,11)

SATANS ALLEINIGES ZIEL IST ES, UNSERE SCHULDIGKEIT ZU BELEGEN.

Beachten Sie, dass es in diesem Vers heißt: „Sie haben ihn überwunden." Wer ist mit *sie* gemeint? Wir sind damit gemeint. Wer ist *ihn*? Satan. Hier handelt es sich eindeutig um eine Auseinandersetzung zwischen der Gemeinde Jesu und Satan.

Denken Sie daran, dass das Zeugnis eine der vier Möglichkeiten ist, um die Waffen abzufeuern. Dies bedeutet, dass wir Satan überwinden, wenn wir uns persönlich dazu bekennen, was das Blut Jesu laut des Wortes für uns tut. Unser Zeugnis macht die Sache persönlich. Es macht aus der generellen Wahrheit der Heiligen Schrift eine persönliche Wahrheit für unser Leben.

Um diese effizient anzuwenden, müssen wir wissen, was das Wort Gottes über das Blut Jesu aussagt. Sonst wird uns die Anwendung dieser Wahrheit nicht gelingen. Sehen wir uns einige Aussagen der Heiligen Schrift bezüglich des Blutes Jesu näher an.

ERLÖSUNG

Durch das Blut Jesu sind wir erlöst:

In ihm haben wir die Erlösung durch sein Blut.
(Epheser 1,7a)

Erlösung bedeutet, dass wir zurückgekauft wurden. Wir waren im Reich Satans; wir wurden aus dem Reich Satans zurückgekauft. Petrus sagt uns, dass wir nicht mit Silber oder Gold erlöst wurden,

„sondern mit dem kostbaren Blut Christi als eines Lammes ohne Fehler und ohne Flecken"
(1. Petrus 1,19)

So sollen sagen die Erlösten des HERRN, die er aus der Hand des Bedrängers erlöst hat.
(Psalm 107,2)

Wir machen dies zu unserem persönlichen Zeugnis,

wenn wir es laut aussprechen:

„Durch das Blut Jesu bin ich erlöst aus der Hand des Teufels."

REINIGUNG

Durch das Blut Jesu sind wir gereinigt:

Wenn wir aber im Licht wandeln, wie er im Licht ist, haben wir Gemeinschaft miteinander, und das Blut Jesu, seines Sohnes, reinigt uns von jeder Sünde.
(1. Johannes 1,7)

In diesem Abschnitt werden sämtliche Begriffe in der Gegenwartsform verwendet: Wenn wir fortwährend wandeln, haben wir fortwährend Gemeinschaft, und das Blut reinigt uns fortwährend. Vergessen Sie nicht, dass diese Dinge voneinander abhängen. Wenn wir nicht im Licht wandeln, reinigt uns das Blut Jesu auch nicht. Durch unseren Wandel im Licht haben wir Gemeinschaft mit unseren Mitchristen. Wenn wir keine Gemeinschaft haben, sind wir nicht im Licht. Wenn wir nicht im Licht sind, reinigt uns das Blut Jesu nicht. Dies ist eine wichtige Wahrheit, die wir nicht vergessen dürfen.

Wir machen dies zu unserer persönlichen Aussage, indem wir laut sagen: „Indem ich im Licht wandle, reinigt mich das Blut Jesu jetzt und fortwährend von aller Sünde."

RECHTFERTIGUNG

Durch das Blut Jesu sind wir gerechtfertigt.

Da wir jetzt durch sein Blut gerechtfertigt sind.
(Römer 5,9b)

Gerechtfertigt bedeutet „freigesprochen, nicht schuldig, gerecht gemacht, als hätte ich nie gesündigt."

Wir machen dies zu unserem persönlichen Zeugnis, indem wir laut sagen: „Durch das Blut Jesu bin ich gerechtfertigt, freigesprochen, für nicht schuldig erachtet, gerecht gemacht, so, als hätte ich nie gesündigt."

HEILIGUNG

Durch das Blut Jesu sind wir geheiligt.

Darum hat auch Jesus, um das Volk durch sein eigenes Blut zu heiligen, außerhalb des Tores gelitten.
(Hebräer 13,12)

Geheiligt hat sowohl eine negative als auch eine positive Bedeutung. Auf negative Weise bedeutet es: „von der Sünde abgetrennt und abgesondert sein." Und auf positive Weise bedeutet es: „zum Teilhaber an der Heiligkeit Gottes gemacht sein."

Fassen wir nun all diese mächtigen zeugnishaften Aussagen zusammen und sprechen sie als eine persönliche Proklamation aus:

„*Durch das Blut Jesu bin ich erlöst aus der Hand des Teufels. Indem ich im Licht wandle, reinigt mich das Blut Jesu jetzt und fortwährend von aller Sünde. Durch das Blut Jesu bin ich gerechtfertigt, freigesprochen, für nicht schuldig erachtet, gerecht gemacht, so, als hätte ich nie gesündigt. Durch das Blut Jesu bin ich geheiligt, von der Sünde und dem Reich Satans abgesondert und zum Teilhaber an der Heiligkeit Gottes gemacht worden.*"

Sobald wir diese Proklamation abgegeben haben, haben wir allen Grund damit anzufangen, Ihm zu danken.

KAPITEL 4

DIE MACHT DES KREUZES

KAPITEL 4

DIE MACHT DES KREUZES

Denn das Wort vom Kreuz ist denen, die verlorengehen, Torheit; uns aber, die wir errettet werden, ist es Gottes Kraft.
(1. Korinther 1,18)

In den vorangegangenen Kapiteln habe ich die absolute Vollkommenheit des Erlösungswerkes Jesu am Kreuz dargelegt. Ich habe jeden Bedarf nach dieser Sühnetat Christi, der je in unserem Leben aufkommen könnte, abgedeckt. Es war ein vollkommenes Werk. Durch dieses Werk am Kreuz hat Jesus Satan eine vollständige, ewige, unwiderrufliche Niederlage verabreicht. Das ist die frohe Botschaft des Reiches Gottes!

Was können wir als Antwort des Teufels auf dieses Werk erwarten? Was würde er auf Grund dessen gerne tun? Er würde sein Bestes geben, um das Erlösungswerk zu untergraben. Er würde sein Best geben, um die Tat am Kreuz zu verschleiern, denn wenn die Kreuzestat erst einmal in Verborgenheit geraten ist, könnte er seine Kontrolle über die Menschheit wieder geltend machen.

Und das ist genau das, was der Teufel tat, getan hat und tut. Eins seiner primären Ziele ist, das zu verschleiern, was durch den Tod Jesu am Kreuz vollbracht wurde.

WARUM SATAN DAS KREUZ VERBIRGT

Wir können drei Gründe dafür erkennen, warum der Teufel so vehement versucht, die Macht des Kreuzes zu verbergen. Zum einen, weil es die einzige Grundlage für die Vorsorge und Versorgung Gottes für Sein erlöstes Volk darstellt. Es gibt keine andere Grundlage.

Denn mit einem Opfer hat er die, die geheiligt werden, für immer vollkommen gemacht.
(Hebräer 10,14)

Durch das Opfer Jesu am Kreuz hat Gott alles getan, was jemals irgendwann von irgendjemandem benötigt werden könnte. Durch das Kreuz ist alles vollbracht.

Die Kreuzestat entfaltet für uns schrittweise seine Kraft: Wir *werden* geheiligt. Was Jesus vollbracht hat, ist vollkommen, abgeschlossen, vollständig. Doch die Entfaltung in unserem Leben geht schrittweise vor sich. Ich glaube nicht, dass irgendjemand – einschließlich meiner selbst – all das, was uns durch das Kreuz bereitgestellt wurde, schon vollständig zueigen gemacht hat. Indem wir den Prozess der Heiligung durchlaufen – geheiligt werden, mit Gott übereinstimmen, Gottes Gedanken denken, auf Seine Weise leben – werden wir an Seiner Kraft mehr und mehr Anteil haben. Doch wenn der Feind einschreitet, um die Kraft des Kreuzes zu verschleiern, werden wir, obwohl wir wie Königskinder leben sollten, wie Bettler und Almosenempfänger leben. Sein Ziel ist es, die Tatsache zu verschleiern, dass all die Wohltaten, die Gott bereitgestellt hat, uns einzig und allein auf der Grundlage des Kreuzes zuteil werden können. Satan ist ziemlich gerissen. Er weiß genau, an welcher Stelle er angreifen muss. Er weiß, dass, wenn er das Kreuz verschleiern und in den Hintergrund rücken kann kann, ihm die Gemeinde Jesu ausgeliefert ist.

> SATAN WEISS, DASS, WENN ER DAS KREUZ VERSCHLEIERN UND IN DEN HINTERGRUND RÜCKEN KANN, IHM DIE GEMEINDE JESU AUSGELIEFERT IST.

Der zweite Grund, warum der Feind die Macht des Kreuzes verschleiern möchte, ist, dass es das Mittel zur völligen Niederlage Satans ist. In vorangegangenen Kapiteln haben wir uns eingehend mit dem Erlösungswerk Gottes beschäftigt. Durch das Kreuz hat Jesus Satan eine vollständige, ewige, unwiderrufliche Niederlage beigebracht. Satan kann das nicht ändern. Aber er kann versuchen, diese Tatsache vor uns zu verbergen. Das Ergebnis dessen wäre, dass wir nicht mehr im Sieg leben würden, weil wir nicht begreifen würden, welch Sieg für uns errungen wurde.

Der dritte Grund, warum Satan die Macht des Kreuzes verschleiert, ist darin begründet, dass sie die einzige Kraftquelle für einen wirklich christlichen Lebensstil darstellt. Manche Christen und bekannte Psychologen zitieren gern die Bergpredigt als Vorlage für die Art und Weise, wie wir leben sollten. So gut diese Predigt auch war: Wir können nur durch das Opfer Jesu am Kreuz so leben, wie es in ihr beschrieben wird. Die Opfertat Jesu hat sich mit dem alten Menschen, dem fleischlichen Wesen, auseinandergesetzt. Wie Paulus es formuliert hat: *„Unser alter Mensch wurde mit ihm gekreuzigt"* (Römer 6,6; wörtl. a. d. Engl.), und ein wenig später ergänzte er im Galaterbrief: *„Die aber dem Christus Jesus angehören, haben das Fleisch samt den Leidenschaften und Begierden gekreuzigt"* (Galater 5,24). Solange wir nicht lernen, das Kreuz auf unser fleischliches Wesen anzuwenden, wird es uns beherrschen. Wir können es nicht beherrschen.

Paulus sagt in Römer 6,6: *„Unser alter Mensch wurde mit ihm gekreuzigt...damit wir nicht länger Sklaven der Sünde bleiben."* Das ist das, was uns durch das Kreuz bereitgestellt wird. Und sobald wir begreifen, was Jesus am Kreuz für unser Leben vollbracht hat, ist der Teufel geschlagen.

DIE „FÜNFTE KOLONNE" SATANS

Im Jahr 1936 gab es in Spanien einen Bürgerkrieg zwischen dem linken und dem rechten Flügel. Tragischerweise kämpften die Spanier gegeneinander. An einem bestimmten Punkt belagerte ein spanischer General eine spanische Stadt. Ein zweiter General kam auf ihn zu und sagte: „Wie wollen Sie diese Stadt einnehmen?" Ich habe fünf Kolonnen im Anmarsch auf die Stadt, eine aus dem

Norden, eine aus dem Süden, eine aus dem Osten, und eine aus dem Westen." Dann hielt er einen Moment inne und sagte: „Doch ich denke, dass meine fünfte Kolonne die Stadt für mich einnehmen wird." Der zweite General fragte: „Wo ist denn Ihre fünfte Kolonne?" Er erwiderte: „Innerhalb der Stadt." Die fünfte Kolonne ist diejenige, die drinnen ist und gegen diejenigen arbeitet, die sich ihrer nicht bewusst sind.

Das ist die Taktik Satans, um die Gemeinde Jesu zu zerstören. Es ist ihm nie gelungen, sie von außerhalb zu zerstören. Doch sobald er eine fünfte Kolonne eingeschleust hat, sagt er: „Meine fünfte Kolonne wird die Stadt einnehmen."

In gewissem Sinne ist die täuschende Kraft Satans, die insbesondere durch Zauberei offenbar wird, diese fünfte Kolonne innerhalb der Gemeinde Jesu. Genau dieses Thema spricht auch Paulus im Galaterbrief an, und eigentlich ist das sogar die Hauptüberschrift über den Brief an die Galater. Wir können dies deutlich an den Worten des Paulus am Anfang des dritten Kapitels des Galaterbriefes erkennen:

> O unverständige Galater! Wer hat euch bezaubert, denen Jesus Christus als gekreuzigt vor Augen gemalt wurde? (Galater 3,1)

Konzentrieren wir uns einmal auf diese doch ziemlich ungewöhnliche Frage: *„Wer hat euch bezaubert?"* Wie wir in den folgenden Versen sehen werden, waren diese Galater errettet worden, sie waren im Heiligen Geist getauft worden, und sie hatten gesehen, wie Gott unter ihnen Wunder wirkt. Nichtsdestotrotz waren sie bezaubert. Was ich damit verdeutlichen will, ist folgendes: Die Tatsache, dass wir errettet und im Heiligen Geist getauft wurden und Wunder erlebt haben, ist keine Garantie dafür, dass wir durch die täuschende Kraft des Feindes nicht bezaubert und verführt werden können – kurz: *Zauberei*.

Doch wie konnte Paulus wissen, dass Zauberei im Spiel war? Was war der Beleg hierfür? Die Antwort ist sehr wichtig und aufschlussreich. Zauberei hatte die Offenbarung, die sie über den gekreuzigten Christus erhalten hatten, verschleiert. Dies ist auf einer Linie mit allem, was wir in diesem Kapitel bisher entdeckt haben, und zwar, dass das vorrangige Ziel der Zauberei in der Gemeinde Jesu das Verstecken der Realität des gekreuzigten Jesus Christus war.

> WIR MÜSSEN ERKENNEN, DASS ES UNS ÜBERHAUPT NICHTS BRINGT, MANCHMAL DAS GESETZ EIN BISSCHEN ZU HALTEN.

Die Beschreibung in den folgenden Versen bezüglich dessen, was vor sich ging, ist ebenso aufschlussreich für uns:

> *Nur dies will ich von euch wissen: Habt ihr den Geist aus Gesetzeswerken empfangen oder aus der Kunde des Glaubens?* (Galater 3,2)

Beachten Sie, dass die Galater den Heiligen Geist empfangen hatten. Paulus fragte sie: „Wie habt ihr ihn empfangen; durch das Halten des mosaischen Gesetzes oder dadurch, dass ihr im Glauben das Evangelium gehört habt?"

Seid ihr so unverständig? Nachdem ihr im [Heiligen] Geist angefangen habt, wollt ihr jetzt im Fleisch vollenden? Habt ihr denn so vieles vergeblich erlitten? Wenn es denn vergeblich war! Der euch nun den Geist darreicht und Wunderwerke unter euch wirkt, tut er es aus Gesetzeswerken oder aus der Kunde des Glaubens? (Verse 3-5; z. T. LU; Schlachter)

Das grundlegende Problem der Galater war, dass die Realität des gekreuzigten Jesu durch eine böse satanische Macht, die Eingang gefunden hatte, verschleiert worden war. Die beiden Probleme, die sich daraus ergaben, waren Fleischlichkeit und Gesetzlichkeit. Sie waren auf fleischliche Versuche, Gottes Willen zu tun und Ihm zu gefallen, zurückgefallen. Sie waren dazu zurückgekehrt, alle möglichen Vorschriften zu beachten als eine Möglichkeit, Gerechtigkeit bei Gott zu erlangen. Indem sie dies taten, gingen sie am Zweck des Todes Christi vorbei. Paulus beschrieb das Endergebnis folgendermaßen:

Denn alle, die aus Gesetzeswerken sind, die sind unter dem Fluch; denn es steht geschrieben: „Verflucht ist jeder, der nicht bleibt in allem, was im Buch des Gesetzes geschrieben ist, um es zu tun!"

(Galater 3,10)

Im Wesentlichen sagte Paulus: „Wenn Ihr wieder dahin zurückgekehrt seid, zu versuchen, Gerechtigkeit durch das Halten des Gesetzes zu erringen, dann müsst ihr – bitte denkt daran – jederzeit das gesamte Gesetz halten, weil ihr sonst unter einen Fluch geratet." Als Israel ins Land Kanaan kam, mussten sie als eines der ersten Dinge einen Fluch über sich selbst aussprechen, falls sie nicht zu jeder Zeit das ganze Gesetz halten würden. Wir müssen erkennen, dass es uns überhaupt nichts bringt, manchmal das Gesetz ein bisschen zu halten. Wenn wir durch das Halten des Gesetzes gerechtfertigt sein wollen, müssen wir ständig das ganze Gesetz halten. Und aus der Sicht Gottes kann niemand von uns jemals durch die Werke des Gesetzes jemals gerechtfertigt werden. Das ist eine Täuschung Satans, und zwar eine, die primär den menschlichen Stolz anspricht.

Als ich vor Jahren in der britischen Armee diente und den Herrn kennenlernte, wurde ich ein Zeuge für den Herrn. Weil ich ein Leben führte, das sich sehr von dem meiner Kameraden unterschied, fragten mich viele von ihnen, was mit mir geschehen sei. Sie witzelten, dass ich mich „mit der Religion angesteckt" hätte. Ich antwortete ihnen dann: „Nein, ich bin nicht religiös geworden. Ich wurde errettet." Dann erzählte ich ihnen etwas über die Erlösung. Erstaunlicherweise war die Reaktion fast eines jeden, mit dem ich sprach, dass er mir eine kleine Liste mit Regeln gab, die er einhielt. Jeder von ihnen schien eine Liste zu haben, die auf ihn persönlich zugeschnitten war. Mit anderen Worten: die erste Reaktion des Menschen, wenn er mit dem Anspruch Gottes nach Rechtschaffenheit konfrontiert wird, ist: „Ich halte das Gesetz." Ich habe die folgenden Worte an vielen Orten gesagt, und hin und wieder habe ich damit die Christen schockiert: „Der christliche Glaube besteht nicht aus einem Regelwerk!"

Wenn wir das Christentum darauf beschränken, haben wir das Kreuz aus den Augen verloren. Und wenn dies geschieht, haben wir die Kraft Gottes verloren.

TÖDLICHE GESETZLICHKEIT

Einfach ausgedrückt waren die beiden Kennzeichen für Zauberei in der Gemeinde in Galatien Gesetzlichkeit und Fleischlichkeit. Gesetzlichkeit ist die größte Einzelbedrohung für die Pläne Gottes. Mancher würde sagen, dass Unmoral oder Fleischlichkeit diesen Platz einnehmen, doch Fakt ist, dass die Gesetzlichkeit diese beiden Aktivitäten in Wirklichkeit fördert. Wie kann das sein? Wenn wir den Leuten immer sagen: „Du sollst nicht deinen Begierden nachgehen", und das alles ist, was wir ihnen geben, was wird dann geschehen? Wir fördern in Wirklichkeit die Begierden. Paulus sagte: *„Die Sünde hätte ich nicht erkannt als nur durch Gesetz. Denn auch von der Begierde hätte ich nichts gewusst, wenn nicht das Gesetz gesagt hätte: ‚Du sollst nicht begehren!'"* (Römer 7,7b) Negative Regeln operieren im fleischlichen Bereich, und sie heizen genau das an, was sie verhindern sollen.

> GESETZLICHKEIT IST DIE GRÖSSTE EINZEL-BEDROHUNG FÜR DIE PLÄNE GOTTES.

Viele Leute meinen, dass, wenn wir nicht genügend Regeln aufstellen, wir die Leute nicht unter Kontrolle halten können. Sie verfassen fünfzehn Regeln und die Leute sind nicht unter Kontrolle, weswegen sie dann dreißig

Regeln verfassen, was die Leute noch immer nicht unter Kontrolle bringt. Daraufhin verfassen sie dann sechzig Regeln. Doch je mehr Regeln man verfasst, um die Leute zu besseren Menschen zu machen, umso mehr gibt man dem fleischlichen Wesen Nahrung, und das fleischliche Wesen ist unfähig, irgendetwas Gutes hervorzubringen.

Der Galaterbrief ist einer der interessantesten der Briefe des Paulus. Der Galaterbrief ist der einzige Brief, den Paulus nicht mit einem Dank an Gott für die Menschen, denen er schreibt, einleitet. Als er der Gemeinde zu Korinth schrieb, begann Paulus damit, Gott für die Gnade zu danken, die Er dieser Gemeinde gegeben hat, obwohl es in ihr Trunkenheit am Abendmahlstisch, Inzest und Unmoral gegeben hat. Doch als Paulus den Galatern schrieb, war er so verärgert, dass er nicht dankte. Stattdessen stand am Anfang seines Briefes: *„Ich wundere mich, dass ihr euch so schnell von dem, der euch durch die Gnade Christi berufen hat, abwendet zu einem anderen Evangelium"* (Galater 1,6). Was war das Problem? Gesetzlichkeit. Paulus erachtete diese als wesentlich größere Bedrohung als Unmoral oder Trunkenheit (obwohl es mir ferne liegt zu empfehlen, solches Verhalten in irgendeiner Weise zu billigen).

Ich möchte Ihnen nun eine Definition für Gesetzlichkeit geben. Zunächst ist Gesetzlichkeit der Versuch, durch das Beachten gewisser Regeln Gerechtigkeit bei Gott zu erlangen. Wir wissen, dass Gott diese Möglichkeit als Mittel zur Rechtfertigung ausgeschlossen hat. Er hat gesagt: *„Durch Werke des Gesetzes wird in seinen Augen kein Mensch gerechtfertigt"* (Galater 2,16; z.T. wörtl. a. d. Engl.) Das ist unmöglich.

Zweitens fügt Gesetzlichkeit eine weitere Voraussetzung zu den vorhandenen und von Gott genannten Voraussetzungen, um Gerechtigkeit bei Ihm zu erlangen, hinzu. Die Voraussetzungen, um Gerechtigkeit bei Gott zu erlangen, werden in einfacher Weise im Römerbrief genannt: Wenn Sie an den glauben, der Jesus, unseren Herrn, für unsere Übertretungen in den Tod dahingegeben und am dritten Tage für unsere Rechtfertigung von den Toten auferweckt hat, sind Sie gerecht. (siehe Römer 4,22-25.)

Es gibt keinen anderen Weg, um Gerechtigkeit bei Gott zu erlangen. Es kann nichts hinzugefügt werden. Kein Mensch, keine Kirchengemeinde, keine Gruppe, kein Prediger hat die Vollmacht, irgendwelche Voraussetzungen hinzuzufügen, um Gerechtigkeit bei Gott zu erlangen, als diejenigen, die im Neuen Testament genannt werden. Gesetzlichkeit ist entweder der Versuch, durch das Einhalten gewisser Regeln Gerechtigkeit bei Gott zu erlangen, oder das Hinzufügen von Voraussetzungen zu jenen, die Gott im Neuen Testament genannt hat.

KAPITEL 5

DAS WESEN DER ZAUBEREI

KAPITEL 5

DAS WESEN DER ZAUBEREI

Denn Rebellion ist wie die Sünde der Zauberei, und Halsstarrigkeit ist wie Frevel und Götzendienst. (1. Samuel 15,23; wörtl. a. d. Engl.)

In diesen Worten, die vom Propheten Samuel an König Saul gerichtet wurden, machte Samuel zwei Vergleiche und sprach zwei sehr sündhafte Haltungen an: Rebellion und Halsstarrigkeit. Die Aussage offenbart, wie Gott beide von ihnen beurteilt. Rebellion ist wie Zauberei; Halsstarrigkeit ist dem Götzendienst gleichzusetzen.

Befassen wir uns zunächst mit der Halsstarrigkeit. In dem Vers heißt es, dass Halsstarrigkeit eine Art von Götzendienst ist. Auf welche Weise? Ein halsstarriger Mensch bildet aus seiner eigenen Meinung heraus Götzen. Im Lichte dessen ist es sehr interessant, sich die Einstellung in der Gemeinde Jesu heutzutage näher anzusehen. Normalerweise werden wir nicht akzeptieren, wenn jemand ein Trunkenbold oder offensichtlich unmoralisch ist. Doch wie viele halsstarrige und dickköpfige Leute haben wir in der Gemeinde? In den Augen Gottes sind sie Götzendiener. In den meisten Gemeinden ist es so, dass, wenn jemand mit einer hölzernen Götzenfigur hineinkäme, niederfallen und diese Figur vor den Augen der anderen anbeten würde, wir dies nicht hinnehmen würden. Doch leider tolerieren wir eine Menge halsstarriger Leute, und oftmals lassen wir sie damit durchkommen. In den Augen Gottes sind sie Götzendiener.

Konzentrieren wir uns nun etwas aufmerksamer mit der Rebellion. Der Vers deutet darauf hin, dass die Wurzel der Zauberei die Rebellion ist. Wo immer Sie auf Rebellion stoßen, können Sie davon ausgehen, es auch mit Zauberei zu tun zu haben. Ich habe dies im Befreiungsdienst erfahren. Ich habe beispielsweise festgestellt, dass, wenn jemand von einem Geist der Zauberei freigesetzt werden musste, er mit Sicherheit auch von Rebellion befreit werden musste. Und wenn mir umgekehrt bei jemand ein Geist der Rebellion begegnete, überprüfte ich, ob ich nicht auch einen Geist der Zauberei entdeckte. Sie sind eng miteinander verwandt.

Rebellion lehnt die legitime Autorität Gottes ab, so wie König Saul die Autorität des Wortes Gottes ablehnte. Wir können im Leben nicht lange ohne Autorität auskommen. Wenn wir also keine legitime Autorität über uns haben, wird illegitime Autorität die Lücke auffüllen. Wo es illegitime, unrechtmäßige Autorität gibt, muss diese auch durch unrechtmäßige Macht gestützt werden. Die illegitime Macht, die die Rebellion stützt, ist die Macht der Zauberei. Wann immer wir also sehen, dass illegitime Autorität am

Werk ist, müssen wir darauf vorbereitet sein, uns mit Zauberei auseinanderzusetzen.

Ein deutliches Beispiel hierfür finden wir in den 1960er-Jahren in den USA. Junge Leute wandten sich von fast allen akzeptierten Formen von Autorität ab – von Eltern, der Gemeinde, dem Staat usw. – und wurden zu einer Generation von Rebellen. Im Laufe der Jahre habe ich mit einigen dieser „Rebellen" zu tun gehabt, und viele von ihnen, die den Herrn kennengelernt haben, sind heute meine Freunde. Doch fast ohne Ausnahme haben sich alle, die zu Rebellen wurden auch auf okkulte Dinge, dem übernatürlichen Bereich Satans, und Zauberei eingelassen. Es ist fast unmöglich, tief in Rebellion verstrickt zu sein ohne früher oder später unter die Macht der Zauberei zu gelangen.

> WO IMMER SIE AUF REBELLION STOSSEN, KÖNNEN SIE DAVON AUSGEHEN, ES AUCH MIT ZAUBEREI ZU TUN ZU HABEN.

Befassen wir uns noch einmal für einen Augenblick mit dem Beispiel von König Saul. Wir erinnern uns, dass er der Anweisung Samuels nicht gehorchte, die Tiere, die gefangen worden waren, zu schlachten. Stattdessen hielt er die – wie er sie nannte – „besten" Tiere zurück, um sie Gott zu opfern. Gott sagte: „Ich habe an deinem Opfer kein Interesse, weil es aus Ungehorsam heraus dargebracht wird." Als König Israels hatte Saul alle Totenbeschwörer und Wahrsager aus Israel vertrieben. (siehe 1. Samuel 28,3) Doch kurz vor seinem Tod – als er Gottes Stimme nicht hören konnte – suchte er aus lauter Verzweiflung eine Totenbeschwörerin auf (Vers 7). Das war kein Versehen, sondern vielmehr Ursache und Wirkung. Ich möchte diesen Punkt betonen: Wo immer es Rebellion gibt, wird es früher oder später auch Zauberei geben. Ich möchte noch einen weiteren Punkt betonen: Wenn Sie sich mit Zauberei (dem satanischen Übernatürlichen, dem Okkulten in all seinen „Spielarten") auseinandersetzen, wenn Sie sich nur mit dem Okkulten auseinandersetzen, haben Sie sich nicht mit der Wurzel beschäftigt, denn diese ist die Rebellion.

ZWEI SEITEN DER ZAUBEREI

Die Zauberei hat zwei Seiten, eine natürliche und eine übernatürliche Seite. Viele Leute sind sich der Tatsache nicht bewusst, dass Zauberei als Werk des Fleisches aufgelistet wird. Sie ist eine Erweiterung der gefallenen menschlichen Natur.

Offenbar aber sind die Werke des Fleisches; es sind: Unzucht, Unreinheit, Ausschweifung, Götzendienst, Zauberei,... (Galater 5,19-20a)

Zauberei ist ein Werk des Fleisches. Dies bedeutet, dass sie ein Ausdruck der verderbten Natur des gefallenen Menschen ist – das, was naturgemäß aus unserer fleischlichen Natur hervorgeht. In unserer gefallenen Natur trachten wir danach, Menschen zu kontrollieren. Wir wollen andere dazu bringen, das zu tun, was wir wollen, und sehr häufig benutzen wir unrechtmäßige Mittel, damit dies auch geschieht.

DREI VERSCHIEDENE ARTEN, WIE SICH ZAUBEREI IM FLEISCH AUSDRÜCKT

Dieses Agieren der Zauberei umfasst drei Schlüsselbegriffe, und wenn man diesen drei Aktivitäten begegnet, hat man es, ob man es merkt oder nicht, mit Zauberei zu tun. Die drei Schlüsselbegriffe lauten: *dominieren, manipulieren* und *einschüchtern*. Das Endziel ist es, die Kontrolle zu haben – oder das Bedürfnis zu *dominieren*. Um diese Dominanz zu erreichen wird jemand, abhängig von der Situation, entweder *Manipulation* oder *Einschüchterung* einsetzen.

Vergessen Sie nicht: wir haben es hier mit dem natürlichen Bereich zu tun; wir reden hier noch nicht von irgendwelchen übernatürlichen Dingen. Die Zauberei als fleischliches Werk agiert in jedem Bereich der Gesellschaft. Ich will Ihnen ein paar Beispiele geben. Ob es den Leuten gefällt oder nicht: Gott hat für die Familie eine bestimmte Struktur vorgesehen. Der Ehemann wird als das Haupt der Frau bezeichnet. (siehe Epheser 5,23.) Ungeachtet der Bemühungen der Leute, die Familie auf den Kopf zu stellen, hat Gott die Anordnung nicht geändert. Unter der Autorität von Mann und Frau sind die Kinder, die der Autorität ihrer Eltern unterstehen. Die Zauberei wird in diesem Kontext agieren, entweder durch Manipulation oder Einschüchterung, um die göttlich autorisierte Ordnung beiseite zu schaffen.

Fangen wir bei den Kindern an. Kinder können in jedem Alter Manipulierer sein. Fünfjährige Kinder lernen,

Manipulation zu verwenden. Nehmen wir einmal an, eine Mutter hat Gäste und bietet ihnen Plätzchen an. Das kleine Kind weiß, dass es von seiner Mutter aus keine Plätzchen bekommen soll. Doch es weiß, dass, wenn Gäste da sind, es für seine Mutter sehr schwierig ist, nein zu sagen. Also kommt es, während die Gäste da sind, herein, und fragt: „Mama, kann ich ein Plätzchen haben?" Sie können sich vorstellen, was die Mutter tun wird. Sie wird wahrscheinlich nachgeben. Wenn dies geschieht, ist sie manipuliert worden.

DIE ZAUBEREI ALS FLEISCHLICHES WERK AGIERT IN JEDEM BEREICH DER GESELLSCHAFT.

Wir können Zauberei auch bei Müttern und Vätern finden. Bei Frauen kommt Zauberei in den meisten Fällen durch Manipulation zum Ausdruck. Bei Männern durch Einschüchterung. Doch beide haben dasselbe Ziel: den anderen zu kontrollieren. Wenn also die Frau nicht ihren Willen bekommt, bricht sie in Tränen aus, hält ihre Zuneigung zurück und macht ihrem Mann das Leben schwer. Was wird er am Ende tun? Er gibt nach. Auf der Seite des Mannes kann das Ganze genauso häufig vorkommen, doch er ist vielleicht ein roher, starker Kerl mit übler Laune. Wenn er nicht seinen Willen bekommt, schreit er herum, wird gewalttätig und droht, und die ganze Familie geht nur noch auf Zehenspitzen. Sie wollen nur vermeiden, dass Papa wieder einen Wutanfall bekommt. Was tut er? Er schüchtert sie ein. Sein Ziel ist es, seinen Willen zu bekommen.

Es kann durchaus vorkommen, dass Ehemann und -frau einmal Differenzen haben. Die göttliche Ordnung besagt, dass die beiden von Angesicht zu Angesicht darüber sprechen und im Gebet Gott suchen. Doch Manipulation befasst sich nie mit den wahren Problemen. Sie ist immer „hintenherum". Die wahren Probleme kommen nie ans Licht. Millionen verheirateter Paare bringen ihre Differenzen nie wirklich ans Licht. Vielmehr legt keiner von beiden die Karten offen auf den Tisch und versucht verdeckt das zu bekommen, was er oder sie will. Das ist Manipulation.

BIBLISCHE BEISPIELE FÜR ZAUBEREI

Zwei Beispiele aus der Bibel für Zauberei auf einer höheren Ebene sind Delila und Isebel. Im Falle Delilas war es so, dass sie, obwohl Simson als der starke Mann der Bibel bekannt ist, noch stärker war. Die Bibel berichtet uns, dass Delila Simson erpresst hat; sie zermürbte ihn; sie weinte; sie war launisch. Sie sagte zu ihm: „Du liebst mich nicht wirklich. Du hast mir dein Geheimnis nicht verraten." Schließlich hat Delila ihn zermürbt. (siehe Richter 16,4-22.) Ich glaube, dass es kaum Männer gibt, die mit Zauberei, wenn sie von Frauen ausgeübt wird, entsprechend umgehen können. Da gibt es nur sehr wenige. Ich kenne starke Männer, die vielleicht der Vorstandsvorsitzende oder Geschäftsführer einer Organisation waren, doch wenn sie es mit der Ehefrau zu tun bekamen, ließen sie sich manipulieren.

Das andere Beispiel aus der Bibel ist Isebel. Sie war in keiner Weise eine liebliche Frau. Doch sie wusste, wie sie ihren Mann Ahab dazu bringen konnte, das zu tun, was sie wollte. Sie übernahm tatsächlich die Herrschaft über Israel, indem sie die Mittel einsetzte, über die wir bereits gesprochen haben: widerrechtliche Kontrollübernahme und unrechtmäßige Autorität. Es ist interessant, dass über Isebel im Neuen Testament in Offenbarung 2 als einer Person gesprochen wird, die sich innerhalb der Gemeinde Jesu befindet. Das Neue Testament warnt uns, dass die Gemeinde durch Zauberei infiltriert wird, und in vielen Fällen können wir dies bereits sehen.

Es gibt viele Beispiele für Manipulation in der Gemeinde Jesu. Nehmen wir beispielsweise eine typische Pfingstgemeinde. Ein junger Pastor hat in seinem ersten Pastorat eine Gemeinde mit etwa einhundert Mitgliedern. Er ist ein wenig nervös und ängstlich. In seiner Gemeinde gibt es zwei sehr geistliche Glaubensschwestern. Sie sind nicht nur geistlich, sondern supergeistlich, und sie wissen, wie die Gemeinde geleitet werden sollte. Anstatt sich im Gebet hinzusetzen und die Sache mit dem Pastor durchzusprechen, bekommt eine von ihnen ein Sprachengebet und die andere die Auslegung dazu. Gemeinsam sagen sie mithilfe dieser Methode dem Pastor am Ende, was er zu tun hat. Was ist das? Manipulation.

Wir sehen also, dass Zauberei als fleischliches Werk durch drei Dinge zum Ausdruck kommen kann: Manipulation, Einschüchterung und Dominanz. Wo immer Ihnen diese drei Dinge begegnen, steckt Zauberei dahinter. Wenn Ihre Augen dieser Tatsache gegenüber offen sind, ist es viel leichter, damit umzugehen. Ich spreche hier über reale und relevante Angelegenheiten. Sie kommen nicht in irgendwelchen fremden Ländern oder entfernten

Planeten vor, sondern überall in der Gemeinde Jesu, bei uns zuhause und in unseren Familien. Zauberei hat noch nie irgendjemandem von uns irgendetwas Gutes getan. Denken Sie an die Worte Jesu: „Der Dieb kommt nur, um zu stehlen und zu töten und zu zerstören" (Johannes 10,10; wörtl. a. d. Engl.) Wenn Sie dem Dieb Nahrung geben, können Sie davon ausgehen, dass er genau diese drei Dinge tun wird.

DER ÜBERNATÜRLICHE ASPEKT DER ZAUBEREI

DAS NEUE TESTAMENT WARNT UNS, DASS DIE GEMEINDE DURCH ZAUBEREI INFILTRIERT WIRD.

Wir haben gesehen, dass Zauberei ein Werk des Fleisches ist. Beschäftigen wir uns nun mit der Tatsache, dass Zauberei nicht nur ein Werk des Fleisches, sondern eine böse geistliche Kraft ist. Ich glaube, dass es sich hierbei um die Kraft handelt, die in die Gemeinde der Galater Einzug gehalten hatte. Wir sprechen hier über etwas Übernatürliches. Etwas, das menschliche Fähigkeiten übersteigt. Wir müssen erkennen, dass nicht alle übernatürlichen Manifestationen von Gott kommen. Viele von ihnen kommen von Satan. Es gibt, soweit ich weiß, nur zwei Quellen des Übernatürlichen, die uns Menschen zur Verfügung stehen. Einerseits Gott, und andererseits Satan. Jede übernatürliche Kraft, die nicht von Gott stammt, kommt zweifelsfrei von Satan. Das Reich Gottes ist ein Reich des Lichts. Im Reich Gottes ist uns bewusst, wem wir gehören und was Gott tut, weil es „im Licht" geschieht. Doch das Reich Satans ist ein Reich der Finsternis. In diesem Reich sind wir uns nicht darüber im Klaren, was uns manipuliert, kontrolliert und antreibt, weil es „im Dunkeln" geschieht.

Es gibt drei Hauptbereiche des übernatürlichen Aspekts der Zauberei, die im Deutschen mit den Begriffen Zauberei, Wahrsagerei und Magie wiedergegeben werden können. Sie decken das gesamte Spektrum der satanischen übernatürlichen Aktivitäten ab, und ich werde jeden von ihnen beschreiben und jeweils ein biblisches Beispiel für jeden dieser Bereiche anführen.

ZAUBEREI

Zauberei ist der *Machtbereich*. Ihr Produkt ist Macht, und sie wirkt durch Aktivitäten wie beispielsweise durch Bann- und Zaubersprüche sowie Flüche. Die vielleicht mächtigste Einzelwaffe der Zauberei sind Flüche, die schon auf eine sehr lange Geschichte zurückblicken. In 4. Mose 22 finden wir die Geschichte von Bileam, der das war, was wir einen Schamanen oder Medizinmann nennen könnten. In Vers 10 erläutert er Gott gegenüber, welchen Auftrag er von Balak bekommen hat:

Balak, der Sohn Zippors, der König von Moab, hat sie zu mir gesandt: „Siehe, das Volk, das aus Ägypten ausgezogen ist [hier ist Israel gemeint], bedeckt die Fläche des Landes. Komm jetzt, verfluche es mir!

DAS WESEN DER ZAUBEREI

Vielleicht bin ich dann imstande, gegen es zu kämpfen und es zu vertreiben." (4. Mose 22,10b-11)

Dies war bei den biblischen Kulturen gängige Praxis. Es war für Könige und andere Leute normal, nicht nur auf der natürlichen, sondern auch auf der übernatürlichen Ebene Krieg zu führen. Sie ließen ihre Schamanen ihre Feinde verfluchen (es gibt eine Liste von Flüchen, die von den ägyptischen Pharaonen im 19. Jahrhundert vor Christus gegen 66 andere Nationen ausgesprochen wurden). Dabei handelte es sich um den Versuch, diese an einen Punkt zu bringen, an dem sie im Krieg besiegt werden konnten. Als sich Goliath gegen David stellte, verfluchte er ihn im Namen seiner Götter. Das war kein bloßes zur Schau stellen geschmacklosen Benehmens. Er wollte damit zum Ausdruck bringen: „Meine Götter können es mit deinem Gott aufnehmen."

> ZAUBEREI WIRKT DURCH AKTIVITÄTEN WIE BEISPIELSWEISE DURCH BANN- UND ZAUBERSPRÜCHE SOWIE FLÜCHE.

In gewisser Weise war die antike Kriegsführung nicht nur ein Konflikt zwischen Nationen. Sie wurde als Kräftemessen zwischen den Göttern dieser Nationen angesehen. Als sich beispielsweise Gott gegen Ägypten wandte, und Israel hinausführte, richtete Er, wie es im Psalter heißt, die Götter Ägyptens – nicht nur die natürlichen, sondern auch die geistlichen Herrscher. (siehe 2. Mose 12,12, Jeremia 43,12, Psalm 135,8-10 sowie 82,1.) Bileam wurde angeheuert, weil er ein guter Verflucher war. Das war sein Beruf.

WAHRSAGEREI

Der zweite Bereich, den wir uns ansehen wollen, ist Wahrsagerei. Wahrsagerei ist der *Erkenntnisbereich* der Zauberei. Er bringt keine Macht hervor, sondern Erkenntnis, die, wie ich bereits erläutert habe, den Menschen zum ersten Mal in die Sünde führte. Das biblische Beispiel in Apostelgeschichte 16 ist als Beschreibung dessen, was Paulus und Silas widerfuhr, als sie zum ersten Mal nach Philippi kamen, um das Evangelium zu predigen, sehr eindeutig:

> *Es geschah aber, als wir zur Gebetsstätte gingen, dass uns eine Magd begegnete, die einen Wahrsagegeist hatte.* (Apostelgeschichte 16,16a)

Im Griechischen heißt es eigentlich: „die den Geist einer Python hatte" oder „einen Pythongeist" – mit anderen Worten: einen Schlangengeist. Vergessen Sie nicht, dass in heidnischen Kulturen Schlangen immer als Quelle außergewöhnlicher Erkenntnis und Weisheit betrachtet wurden. Es ist wichtig festzuhalten, dass das, was dieses Mädchen sagte, absolut der Wahrheit entsprach.

> WAHRSAGEREI BRINGT KEINE MACHT HERVOR, SONDERN ERKENNTNIS, DIE DEN MENSCHEN ZUM ERSTEN MAL IN DIE SÜNDE FÜHRTE.

Sie wusste diese Dinge nicht auf natürliche, sondern auf übernatürliche Weise. Sie war nur ein einfaches Sklavenmädchen, das diese Fähigkeit hatte. Doch *„sie brachte ihren Herren großen Gewinn durch Wahrsagen"*

(Vers 16). (Weil sie eine Sklavin war, bekam nicht sie den Gewinn, sondern ihre Herren.)

Diese folgte dem Paulus und uns nach und schrie und sprach: Diese Menschen sind Knechte Gottes, des Höchsten, die euch den Weg des Heils verkündigen. (Vers 17)

Die erstaunliche Tatsache ist, dass das, was sie sagte, absolut der Wahrheit entsprach. Ich habe dazu schon einmal bemerkt, dass solch eine junge Frau in unseren heutigen Missionsgesellschaften vielleicht ein ständiges Gründungsmitglied einer neuen Gemeinde geworden wäre. Sie war die Erste, die erkannte, wer Paulus und Silas wirklich waren. Doch Paulus war klar, dass sie dies nicht durch den Geist Gottes, sondern durch einen Wahrsagegeist wusste. Schlussendlich drehte er sich um und befahl dem Geist im Namen Jesu das Mädchen zu verlassen. Als er ausfuhr, konnte sie nicht länger die Zukunft vorhersagen. Ihre Herren waren darüber, dass ihnen in Zukunft eine Menge Gewinn verloren gehen würde, so erbost, dass sie Paulus und Silas vor das Gericht brachten, und der Rest ist – wie man so schön sagt – Geschichte. (Lesen Sie Apostelgeschichte 16 einfach bis zum Ende weiter.) Die ganze Stadt war im Aufruhr, weil ein einziges Sklavenmädchen von einem Wahrsagegeist befreit worden war.

An diesem Punkt hatte es Paulus nicht nur mit dem Reich Satans auf der natürlichen, physischen Ebene zu tun, sondern infolgedessen griff auch das Reich Satans im himmlischen Bereich ein, weil dessen Strategie gegen die

Gemeinde Jesu behindert wurde. Es ist bemerkenswert festzuhalten, dass es fast an jedem Ort, an den Paulus ging, zum Aufruhr kam. Später, im 2. Brief an die Korinther, schrieb er von einem Engel, der gesandt worden war, um Paulus zu schlagen. (Siehe 2. Korinther 12,7.) Ich glaube nicht, dass dies im übertragenen Sinne gemeint war. Es war genau so, wie er es geschrieben hat. Er kämpfte gegen einen satanischen Engel, der in jeder Stadt, in die Paulus ging, einen Aufruhr anzettelte. Warum gibt es bei uns keinen Aufruhr? Vielleicht deshalb, weil wir die Kreise Satans nicht genügend stören! Ich glaube, dass, wenn die Gemeinde Jesu so ist, wie sie sein soll, es viel mehr Aufruhr geben wird. Dann wird es auch mehr Erweckungen geben. Ich weiß nicht, wie viele Erweckungen wir ohne Aufruhr haben können. Wir müssen uns entscheiden: „Ist die Sache wert, den Preis dafür zu bezahlen?"

MAGIE

Der dritte Bereich, den wir untersuchen, ist der Bereich von *Magie und Hexerei*. Magie operiert häufig, aber nicht ausschließlich, durch Dinge wie Zaubertränke, -sprüche oder -mittel. Dies schließt im Wesentlichen Glücksbringer wie Hufeisen, Hasenpfoten und alle Dinge, die Menschen bei sich tragen, damit sie ihnen Glück bringen, mit ein. Magie operiert auch durch Liebestränke, was recht verbreitet ist. Vielleicht sagt eine Frau: „Ich möchte, dass sich dieser Mann in mich verliebt. Deshalb gehe ich zu einem Schamanen und besorge mir einen Trank, um ihn in sein Essen zu gießen. Danach wird er sich in mich verlieben."

Meine Frau und ich waren gemeinsam mit einigen Geschwistern im Herrn in Sambia. Während der Zeit, die wir dort verbrachten, boten wir an, für alle Frauen zu beten, die unfruchtbar waren und keine Kinder haben konnten. Für Afrikaner ist dies eine echte Katastrophe. Etwa vierhundert bekennende christliche Frauen meldeten sich zum Gebet. Bevor wir anfingen zu bete, stellte jedoch jemand die Frage: „Wie viele von euch sind zum Medizinmann gegangen, um von ihm einen Trank gegen Unfruchtbarkeit zu bekommen?" Mit Ausnahme von zwei Frauen hoben alle die Hand! Wir mussten erkennen, dass wir es nicht mit Praktiken zu tun haben, die selten oder ungebräuchlich sind.

Magie operiert auch durch Drogen. Das griechische Wort, von dem *Sorcery*, der englischsprachige Begriff für *Hexerei* oder *Zauberei*, abgeleitet wird, bedeutet soviel wie „Droge". Die ganze Drogenkultur ist ein eindeutiges Beispiel für das Wirken von Hexerei. Fast alle diese Menschen müssen, wenn sie zu Jesus kommen, von dieser Macht befreit werden.

Befassen wir uns nur einmal mit einem Beispiel für Magie und Zauberei aus Offenbarung 9. Dieser Abschnitt beschreibt eine Szene aus der Zukunft der Menschheitsgeschichte, wo die Gerichte Gottes offenbar werden und über die Übeltäter kommen:

> *Und die übrigen der Menschen, die durch diese Plagen nicht getötet wurden, taten auch nicht Buße von den Werken ihrer Hände, nicht mehr anzubeten die Dämonen und die goldenen und die silbernen und*

DAS WESEN DER ZAUBEREI

die bronzenen und die steinernen und die hölzernen Götzenbilder, die weder sehen noch hören noch wandeln können. Und sie taten nicht Buße von ihren Mordtaten, noch von ihren Zaubereien, noch von ihrer Unzucht, noch von ihren Diebstählen.

(Offenbarung 9,20-21)

Mit Hexerei und Magie geht auch sexuelle Sittenlosigkeit und Gewalt einher. Ich glaube, dass der gewaltige Anstieg von Gewalt in unserer heutigen Zivilisation zum großen Teil auf Magie zurückzuführen ist. Wenn wir über diese Dinge beten, sollten wir nicht nur über die Zweige beten, sondern uns auch mit der Wurzel befassen – Magie.

ZAUBEREI BRINGT ILLEGITIME AUTORITÄT HERVOR

Wir haben bereits gesehen, dass Zauberei, die durch Rebellion zum Ausdruck kommt, illegitime Autorität hervorbringt und unterstützt. Die Rebellion hat sich selbst durch bestimmte Aktivitäten in der Gemeinde Jesu, die auf unrechtmäßige Weise hervorgebracht wurden, offenbart. Ich möchte Beispiele hierfür zitieren, einschließlich der Alternativen, die in diesem Prozess unterminiert werden.

JESUS HAT NIE ETWAS AUS EIGENER INITIATIVE HERAUS GETAN SONDERN NUR DAS, WAS ER DEN VATER TUN SAH.

FLEISCHLICHKEIT STATT GEISTLICHKEIT

Die Zauberei fördert Fleischlichkeit und unterdrückt das Geistliche. In Bezug auf das Alte Testament würde dies heißen, dass Zauberei Ismael über Isaak setze. Das ist genau das, was der Islam getan hat. Im Islam wird gelehrt, dass Abraham nicht Isaak, sondern Ismael als Opfer darbrachte. Muslime glauben, dass Ismael der erwählte Erbe ist. Es ist Zauberei, die Ismael über Isaak setzt. Natürlich gibt es viel mehr „Ismaels" als dieses eine Beispiel aus dem Islam. Alles, was wir aus eigener Initiative heraus tun, und das nicht von Gott durch den Heiligen Geist initiiert wurde, wird zu einem Ismael. Jesus hat nie etwas aus eigener Initiative heraus getan. Er sagte:

> „Der Sohn kann nichts von sich aus tun, sondern nur, was er den Vater tun sieht"
> (Johannes 5,19b)

In dem Moment, in dem wir versuchen, etwas zu tun, das nicht von Gott initiiert wurde, bringen wir einen Ismael hervor. Das, was Abraham widerfahren ist, sollte uns eine ernste Warnung sein. Vor viertausend Jahren brachte Abraham Ismael hervor, und von da an bis heute hatte der erwählte Spross Abrahams Probleme mit Ismael. Diese Probleme kommen heute im Nahen Osten zu einem Höhepunkt.

THEOLOGIE STATT OFFENBARUNG

Die Zauberei bringt Theologie hervor und setzt diese über die Offenbarung. Dies ist eines der Hauptprobleme der Kirche. Ich muss offen sagen, dass heutzutage viele Seminare Diener Satans auf die Menschheit loslassen. Das ist eine schockierende aber wahre Aussage. Die meisten Probleme in der Gemeinde Jesu rühren daher, dass menschliches Denken über göttliche Offenbarung gestellt wird. Dies gilt sicherlich nicht für alle Seminare, doch meiner Meinung nach trifft es auf viele von ihnen zu.

BILDUNG STATT JÜNGERSCHAFT

Die Zauberei in der Gemeinde Jesu gibt Bildung einen höheren Stellenwert, als Menschen zu wahren Jüngern zu machen. Wenn wir uns an einem theologischen Seminar oder an einer Bibelschule einschreiben und drei Jahre lang dem Unterricht folgen würden, würden wir sehr viel Kopfwissen erlangen. Was tut dieses Wissen? Es macht überheblich. Jesus hat die Sache anders angefasst. Er ließ Seine Jünger Ihm nachfolgen und dienen. Wenn wir Ausbildung nicht mit Dienen verbinden, bringen wir die falschen Ergebnisse hervor. Der einzige Schutz dagegen, Leuten nur Kopfwissen zu vermitteln, ist, sie zum Dienen zu befähigen.

PSYCHOLOGIE STATT UNTERSCHEIDUNGSVERMÖGEN

Die Zauberei erhebt die Psychologie über das Unterscheidungsvermögen. Mit anderen Worten: Es wird eine psychologische Behandlung statt eines legitimen Wortes der Erkenntnis eingesetzt. Als Jesus die Frau am Brunnen traf, befragte Er sie nicht nach ihrer Kindheit, wann sie geboren wurde, ob sie Probleme mit ihren Eltern gehabt hätte, oder ob es ein soziales Stigma in ihrem Leben geben würde. Er sagte nur: „Du hast fünf Ehemänner gehabt." Und mehr musste Er nicht sagen. Ein einziges Wort der Erkenntnis beseitigt einen Berg von Psychologie.

PLÄNE STATT ÜBERNATÜRLICHER WEGWEISUNG

OHNE FRAGE WIDERSTEHT DIE ZAUBEREI DER OFFENBARUNG VOM GEKREUZIGTEN CHRISTUS.

Die Zauberei erhebt Pläne über die übernatürliche Wegweisung. Die Apostel hatten nie einen Plan aufgestellt, wie sie Judäa evangelisieren wollten. Sie wurden ganz einfach durch den Heiligen Geist ausgesandt. Es gab keinen Plan für eine Aussendung des Philippus nach Samaria. Er „landete" einfach irgendwann dort, und die entsprechenden Resultate folgten.

REDEGEWANDTHEIT STATT ÜBERNATÜRLICHER KRAFT

Die Zauberei erhebt Redegewandtheit über übernatürliche Kraft. Jesus erteilte Seinen Jüngern niemals Predigtunterricht. Charles Finney sagte einmal: „All die Predigtlehre, die ich erlebt habe, hatte ein einziges Ziel – die Leute so reden zu lassen, als ob sie das, was sie sagen, auch wirklich meinen würden." Paulus war ein sehr gebildeter Mann, und doch sagte er:

> *Und ich, als ich zu euch kam, Brüder, kam nicht, um euch mit glänzenden Reden oder gelehrter Weisheit das Geheimnis Gottes zu verkündigen. Denn ich nahm mir vor, nichts anderes unter euch zu wissen, als nur Jesus Christus, und ihn als gekreuzigt.*
> (1. Korinther 2,1-2; z. T. EÜ)

Im Endeffekt sagte er: „Ich lasse nicht zu, dass Zauberei Jesus und das Kreuz verschleiert." Dies ist sehr wichtig, denn Paulus war, bevor er nach Korinth gekommen ist, in Athen gewesen. In Athen hatte er versucht, den Menschen auf ihrer eigenen Ebene zu begegnen. Er hatte griechische Schriftsteller zitiert, und er ist ihnen auf einer intellektuellen Ebene begegnet, doch die Ergebnisse waren sehr enttäuschend gewesen. Ich nehme an, dass er sich irgendwo zwischen Athen und Korinth gesagt hat: „Jetzt ist Schluss damit! Alles, was ich von jetzt an tun werde, ist, Jesus als den Gekreuzigten darzulegen." Und die Resultate in Korinth waren gewaltig: Eine der größten christlichen Gemeinden nahm in Korinth ihren Anfang und wuchs dort heran.

Doch Paulus musste eine Entscheidung treffen: „*Ich nahm mir vor, nichts anderes... zu wissen, als nur Jesus Christus, und ihn als gekreuzigt*" (1. Korinther 2,2). Ohne Frage widersteht die Zauberei der Offenbarung vom gekreuzigten Christus.

Und ich war bei euch in Schwachheit und mit Furcht und in vielem Zittern; und meine Rede und meine Predigt bestand nicht in überredenden Worten menschlicher Weisheit, sondern in Erweisung des Geistes und der Kraft.
(Verse 3 u. 4; z. T. wörtl. a. d. Engl.)

Das sind die Alternativen: menschliche Redegewandtheit oder übernatürliche Bezeugung.

VERSTAND STATT GLAUBE

Die Zauberei erhebt den Verstand über den Wandel im Glauben. Gott leitet uns nicht durch Nachdenken und Schlussfolgern. Er führt uns Schritt für Schritt in einem Glaubenswandel. So wie Er an Abraham gehandelt hat, so verfährt Er auch mit uns. Er erläutert uns nicht den gesamten Plan hinsichtlich der Frage, wohin wir gehen werden oder was geschehen wird. Er sagt schlicht: „Das ist der nächste Schritt." Wenn wir im Glauben wandeln, begleitet uns das übernatürliche Zeugnis des Heiligen Geistes. Wenn wir uns auf unseren eigenen Verstand verlassen, empfangen wir nur das, was der Verstand hervorbringen kann.

GESETZLICHKEIT STATT LIEBE

Schließlich erhebt die Zauberei auch die Gesetzlichkeit über die Liebe. Kommt es einem nicht so vor, als wären die meisten gesetzlichen, religiösen Menschen ziemlich lieblos? Im Grunde schrecken wir vor ihnen zurück. Wir möchten nicht, dass sie gegen uns tadelnd den Finger erheben und sagen: „Tu dies nicht", und „tu das nicht". Sie sind anderen gegenüber sehr kritisch. Jeder, der ihre Regeln nicht einhält, liegt falsch.

Denn in Christus Jesus gilt weder Beschneidung noch Unbeschnittensein etwas, sondern der Glaube, der durch die Liebe wirksam ist.

(Galater 5,6; Schlachter)

Was am meisten zählt, ist Glaube, der durch Liebe wirksam ist. Und beachten Sie, welcher Glaube hier gemeint ist. Kein theologischer Glaube, und auch keiner, der einen Doktortitel in lehrmäßiger Haarspalterei erlangt, sondern vielmehr ein Glaube, der durch die Liebe tätig ist.

Jede der obengenannten Taktiken ist Teil der teuflischen Strategie Satans, den gekreuzigten Jesus zu verschleiern und irrelevant erscheinen zu lassen. Sobald die Gemeinde Jesu die Sicht dafür verloren hat, was am Kreuz vollbracht worden ist, kann sie nicht länger den Sieg Jesu über Satan anwenden. Die Zauberei hat die Augen der Gemeinde Jesu für diese wesentliche, grundlegende Wahrheit blind gemacht. Wir müssen uns mit Entschlossenheit darum bemühen, den Schleier der Zauberei hinwegzuziehen und unseren Blick auf das Werk am Kreuz richten.

KAPITEL 6

DAS WERK DES KREUZES

KAPITEL 6

DAS WERK DES KREUZES

Denn das Wort vom Kreuz ist denen, die verlorengehen, Torheit; uns aber, die wir errettet werden, ist es Gottes Kraft.
(1. Korinther 1,18)

Wir sollten im Kopf behalten, dass Jesus, wie wir im Verlauf dieses Buches gesehen haben, Satan eine vollständige, ewige, unwiderrufliche Niederlage beigebracht hat. Nichts kann dies jemals ändern. Satan wird sich von dieser Niederlage niemals erholen können, doch Jesus hat es der Gemeinde Jesu überlassen, Seinen Sieg wirksam werden zu lassen. Die Taktik Satans ist deshalb, die Gemeinde Jesu davon abzuhalten damit voranzuschreiten, indem er verschleiert, was am Kreuz geschehen ist. Wie ich im vorangegangenen Kapitel erläutert habe, wird die böse Kraft, die das Kreuzeswerk verschleiert, *Zauberei* genannt.

Die heutige Gemeinde Jesu ist in der gleichen Verfassung wie damals die von Paulus beschriebene

DAS WERK DES KREUZES

Gemeinde der Galater:

O unverständige Galater! Wer hat euch bezaubert, denen Jesus Christus deutlich als gekreuzigt vor Augen gemalt wurde?
(Galater 3,1; z. T. wörtl. a. d. Engl.)

Was hat die Zauberei getan? Sie hat Jesus als den Gekreuzigten verschleiert und verborgen. Sobald die Gemeinde Jesu aus dem Blick verliert, was am Kreuz vollbracht wurde, kann sie nicht länger den Sieg Jesu über Satan umsetzen.

> JESUS WAR NIE SIEGREICHER ALS WÄHREND ER AM KREUZ HING.

Wir müssen uns selbst sorgfältig absichern, und diese Absicherung geschieht durch die Anwendung der Kreuzestat in unserem eigenen Leben. Bezüglich dieses Werkes am Kreuz gibt es zwei Aspekte: was Jesus für uns getan hat, und was Er in uns tun wird. Erstens hat Er all das bereitgestellt, was wir jemals brauchen werden, und Er hat unseren Feind besiegt. Das ist das, was Jesus für uns getan hat. Allerdings haben viele Menschen, die darüber begeistert sind, was Er *für* uns getan hat nie damit begonnen zu verstehen, was das Kreuz *in* uns tun soll. Wenn das Kreuz nicht sein Werk *in* uns tut, wird uns der Sieg nicht in vollem Umfang zugute kommen, weil unser hinterlistiger, uns täuschender Feind unser Bestes bekommt und uns verdirbt.

Konzentrieren wir uns nun auf die fünf Aspekte, durch die das Kreuz im Leben des Gläubigen wirksam wird. In gewisser Weise ist dies keine populäre Lehre. Ich werde Ihnen nicht sagen, wie Sie schnell reich werden, all Ihre Probleme lösen oder wie all Ihre Gebete innerhalb der nächsten sechs Monate beantwortet werden. Ich werde Ihnen die lebensentscheidende Wahrheit des siegreichen Werkes am Kreuz darlegen. Ich möchte vorab mit Nachdruck betonen, dass Jesus nie siegreicher war als während Er am Kreuz hing.

1. HERAUSGERISSEN AUS DEM GEGENWÄRTIGEN BÖSEN ZEITALTER

Gnade euch und Friede von Gott, unserem Vater, und dem Herrn Jesus Christus, der sich selbst für unsere Sünden hingegeben hat, damit er uns herausreiße aus dem gegenwärtigen bösen Zeitalter nach dem Willen unseres Gottes und Vaters.
(Galater 1,3-4; z. T. wörtl. a. d. Engl.)

DIE GEGENWÄRTIGE WELTORDNUNG

Der erste Punkt ist meiner Meinung nach die primäre, grundlegende Befreiung. Solange wir nicht begreifen, dass es, durch das Kreuz, der Wille Gottes ist, dass wir aus diesem gegenwärtigen bösen Zeitalter herausgerissen werden, sind wir nicht völlig auf einer Linie mit dem, was Gott für uns und durch uns tun möchte. Im Galaterbrief folgen vier weitere Aspekte der Befreiung durch das Kreuz, und wir werden uns jede von ihnen näher ansehen. Doch ich glaube, dass die anderen vier die Auswirkung und Umsetzung dieser primären Befreiung sind, nämlich des Herausreißens aus dem gegenwärtigen bösen Zeitalter. Erkennen wir eigentlich voll und ganz, dass es Gottes Absicht ist, uns aus dem gegenwärtigen bösen Zeitalter herauszureißen?

Zwei griechische Begriffe aus dem Neuen Testament, die unsere heutige Gesellschaft beschreiben, werden nicht immer akkurat übersetzt. Deshalb müssen wir sie genauer unter die Lupe nehmen. Das erste Wort, *kosmos* – von dem sich Worte wie *Kosmonaut* oder *Kosmologie* ableiten – bedeutet korrekt übersetzt „Welt." Doch es bezeiht sich nicht auf „den Erdkreis", wie er im Neuen Testament vorkommt. Es bedeutet vielmehr „die gegenwärtige Weltordnung." Das charakteristische Merkmal der gegenwärtigen Weltordnung ist, dass sie nicht der gerechten Herrschaft Gottes untersteht. Sie ist eine Ordnung in Rebellion gegen Gott. Die Gemeinde Jesu andererseits ist eine Gruppe von Menschen, die aus der Welt herausgerufen ist. Gemeinde oder Kirchengemeinde bedeutet: „eine herausgerufene Gesellschaft." In Johannes 15 kommt das Wort Welt innerhalb eines einzigen Verses fünfmal vor. Jesus sagte zu seinen Jüngern:

> *Wenn ihr von der Welt wäret, würde die Welt das Ihre lieben; weil ihr aber nicht von der Welt seid, sondern ich euch aus der Welt erwählt habe, darum hast euch die Welt.* (Johannes 15,19)

Wir sehen hier eine vollständige Trennung zwischen der Welt und der Gemeinde Jesu. Die Welt rebelliert gegen

Gott. Die Gemeinde, herausgerufen durch eine souveräne Erwählung Jesu, damit sie zum Volk Gottes wird, ist Gott unterstellt. Je mehr sich die Gemeinde Gott unterordnet, desto mehr wird die Welt sie hassen.

Jesus sagte zu Seinen Brüdern: „*Die Welt kann euch nicht hassen* [weil ihr zu ihr gehört]; *mich aber hasst sie, weil ich von ihr zeuge, dass ihre Werke böse sind.*" (Johannes 7,7). Wenn die Welt die Gemeinde Jesu heutzutage nicht hasst, dann deshalb, weil sich die Welt halbwegs in ihr ausgebreitet hat. Warum sollte die Welt einen Teil ihrer selbst hassen? Es gibt eine zeitgenössische Lehre, dass die Gemeinde Jesu in der Welt die Führung übernehmen wird. Ich glaube nicht daran. Derzeit ist genau das Gegenteil der Fall. Die Welt hat die Führung in der Gemeinde übernommen. Wenn die Gemeinde Jesu die Welt aus ihrer Mitte ausweisen würde und sich von ihr abtrennen würde, könnten wir erkennen, wie sehr die Welt die Gemeinde tatsächlich hasst.

> JE MEHR SICH DIE GEMEINDE GOTT UNTERORDNET, DESTO MEHR WIRD DIE WELT SIE HASSEN.

DAS GEGENWÄRTIGE BÖSE ZEITALTER

Das zweite griechische Wort, das im Neuen Testament für die moderne Gesellschaft verwendet wird, ist *aion*, von dem sich das deutsche Wort *Äon* ableitet, das soviel wie „ein Zeitalter" bedeutet. Es ist ein Zeitmaß. Der Zeitplan Gottes

DAS WERK DES KREUZES

umfasst Zeitalter, die aufeinanderfolgen, und der stärkste Ausdruck in der Bibel, „für immer und ewig", bedeutet „bis zu den Zeitaltern der Zeitalter."[2] Die Bedeutung hiervon ist „Zeitalter, von dem jedes aus Zeitaltern besteht." Der menschliche Verstand kann nicht einmal ansatzweise die Tiefe dieses Ausdrucks begreifen.

Im Galaterbrief kommt das Wort Zeitalter folgendermaßen vor: *„Christus hat sich selbst für unsere Sünden hingegeben, damit er uns herausreiße aus dem gegenwärtigen bösen Zeitalter"* (Galater 1,4; wörtl. a. d. Engl.)

In der Bibel werden bestimmte einfache, objektive Tatsachen über das gegenwärtige Zeitalter offenbart. Die wichtigste Tatsache ist zunächst, dass es zu Ende gehen wird. Es wird nicht ewig Bestand haben. Wir alle könnten hierfür „Gott sei Dank!" sagen. Ich persönlich möchte nicht, dass das gegenwärtige Zeitalter andauert. Ich halte es für ein großes Durcheinander, und es wird kontinuierlich schlechter.

WENN WIR SO LEBEN, ALS WÜRDE DIESES ZEITALTER NIEMALS ENDEN, LEBEN WIR IN EINEM IRRGLAUBEN.

Der Begriff „Zeitalter" kommt auch in Matthäus 13 vor, in diesem großen Gleichnis vom Reich, in dem Jesus die Bedeutung von Weizen und Unkraut auslegt.

Der Feind aber, der es [das Unkraut] gesät hat, ist der Teufel; die Ernte aber ist die Vollendung des Zeitalters, die Schnitter aber sind Engel.

(Matthäus 13,19)

Jesus sagte, dass die Ernte das Ende des Zeitalters bedeute. Die folgenden Verse machen deutlich, dass, wenn die Ernte kommt, das Zeitalter enden wird.

Wie nun das Unkraut zusammengelesen und im Feuer verbrannt wird, so wird es in der Vollendung des Zeitalters sein. Der Sohn des Menschen wird seine Engel aussenden, und sie werden aus seinem Reich alle Ärgernisse zusammenlesen und die, die Gesetzloses tun; und sie werden sie in den Feuerofen werfen: da wird das Weinen und das Zähneknirschen sein. Dann werden die Gerechten leuchten wie die Sonne in dem Reich ihres Vaters. Wer Ohren hat, der höre! (Matthäus 13,40-43)

Die Gerechten und die Bösen werden bis zum Ende des Zeitalters koexistieren. Wir dürfen nicht vergessen, dass es nicht unsere Aufgabe ist, sie zu trennen. Das ist zu schwierig. Die Knechte fragten: *„Willst du denn, dass wir hingehen und es ausjäten?* (Vers 28b; LU) Doch der Grundbesitzer antwortete: *„Nein! damit ihr nicht zugleich den Weizen mit ausrauft, wenn ihr das Unkraut ausjätet."* (Vers 29; LU) Doch Jesus sagte: „Am Ende des Zeitalters werde ich Meine Engel aussenden. Sie werden das Unkraut jäten, und der Weizen wird übrigbleiben."

Im selben Kapitel, im Gleichnis vom Fischnetz, sagte Jesus:

So wird es in der Vollendung des Zeitalters sein: die Engel werden hinausgehen und die Bösen aus der Mitte der Gerechten aussondern und sie in den Feuerofen werfen. (Verse 49 u. 50)

Es ist ungeheuer wichtig, dass wir erkennen, dass dieses Zeitalter zu Ende gehen wird. Wenn wir so leben, als würde es niemals enden, leben wir in einem Irrglauben. Die nächste Tatsache über dieses Zeitalter verdeutlicht, warum es ein böses Zeitalter ist.

Wenn aber unser Evangelium doch verdeckt ist, so ist es nur bei denen verdeckt, die verlorengehen, den Ungläubigen, bei denen der Gott dieser Welt den Sinn verblendet hat. (2. Korinther 4,3-4a)

DER GOTT DIESES ZEITALTERS

Wer verblendet den Sinn der Ungläubigen? Satan. Und was ist er? Er ist *„der Gott dieses Zeitalters."* Es ist nicht verwunderlich, dass er nicht möchte, dass dieses Zeitalter zu Ende geht. Denn wenn es zu Ende geht, wird er kein Gott mehr sein. Doch es ist die Verantwortung der Gemeinde Jesu, das Zeitalter zum Ende zu bringen und dadurch die Herrschaft Satans als Gott zu beenden.

Im sechsten Kapitel des Hebräerbriefes spricht der Verfasser von den Leuten, die tiefe geistliche Erfahrungen gemacht und die Kraft eines neuen Zeitalters geschmeckt haben. Doch dieselben Leute haben diesen Erfahrungen später wieder den Rücken zugewandt.

Denn es ist unmöglich, diejenigen, die einmal erleuchtet worden sind und die himmlische Gabe geschmeckt haben und des Heiligen Geistes teilhaftig geworden sind und das gute Wort Gottes und die Kräfte des zukünftigen Zeitalters geschmeckt haben. (Hebräer 6,4-5)

Es gibt hier fünf Erfahrungen: Wir sind erleuchtet worden, wir haben die himmlische Gabe (das ewige Leben) geschmeckt, wir sind des Heiligen Geistes teilhaftig geworden, wir haben das gute Wort Gottes geschmeckt und wir haben die Kräfte des zukünftigen Zeitalters gekostet. Für mich sind das die Dinge, die mit der Taufe im Heiligen Geist einhergehen. Wenn Sie im Heiligen Geist getauft werden, tauchen Sie in eine übernatürliche Gegenwart ein. Sie ist in diesem Zeitalter übernatürlich, wird jedoch im zukünftigen Zeitalter natürlich sein. Hierdurch haben wir einen Vorgeschmack auf die Kraft des zukünftigen Zeitalters bekommen. Gott hat uns einen Vorgeschmack gegeben, um uns den Geschmack am gegenwärtigen Zeitalter zu verderben. Warum sollten Christen über den Geschmack dieses Zeitalters entzückt sein, wenn sie die Kraft des zukünftigen Zeitalters geschmeckt haben?

DIESEM ZEITALTER WIDERSTEHEN

Bei dem aber unter die Dornen gesät ist, dieser ist es, der das Wort hört, und die Sorge der Zeit und der Betrug des Reichtums ersticken das Wort, und er bringt keine Frucht. (Matthäus 13,22)

An der Stelle, an der in dieser Übersetzung von *Zeit* die Rede ist, müsste korrekterweise eigentlich das Wort

"Zeitalter" stehen. Die Sorgen dieses Zeitalters ersticken das Wort Gottes und machen uns unfruchtbar. Wir können es uns nicht leisten, ein Teil „dieses Zeitalters" zu sein, denn wenn wir dies sind, werden wir von seinen Sorgen und Problemen dominiert, und diese werden uns geistlich unfruchtbar machen. Wir müssen ein Leben führen, das einem anderen Zeitalter angehört.

Und seid nicht gleichförmig dieser Welt [die korrekte Übersetzung lautet: passt euch nicht an dieses Zeitalter an], sondern werdet verwandelt durch die Erneuerung eures Sinnes, dass ihr prüfen mögt, was der Wille Gottes ist: das Gute und Wohlgefällige und Vollkommene. (Römer 12,2)

Wir können es uns nicht leisten, uns diesem Zeitalter anzugleichen. Unsere Lösung ist nicht etwa eine Liste mit religiösen Regeln, weil diese die Menschen nicht in ihrem Innern verändert. Die Lösung ist die Veränderung unseres Sinnes, denn wenn wir anfangen, anders zu denken, werden wir anders leben. Das ist der Unterschied zwischen Religion und Gnade. Religion beinhaltet äußerliche Regeln – was wir anziehen sollen, wie kurz unser Haar geschnitten sein soll, wie viel Lippenstift angebracht ist und andere äußerliche Sitten und Gebräuche. Paulus sagte im Wesentlichen: „Denkt nicht so, wie dieses Zeitalter denkt. Verändert euren Sinn. Lasst euch vom Heiligen Geist eine veränderte Denk- und Beurteilungsweise, andere Prioritäten, andere Ambitionen und andere Ziele schenken. Dann werdet ihr anders leben."

Anschließend erläutert Paulus, dass, wenn unser Sinn erneuert wird, wir den guten, wohlgefälligen und vollkommenen Willen Gottes entdecken werden. Viele Christen erkennen den Willen Gottes nicht, weil ihre Denkweise nie erneuert wurde. Der unerneuerte Sinn kann den Willen Gottes nicht erkennen. Der fleischliche Sinn hegt Feindschaft gegen Gott. Gott offenbart Seine Geheimnisse nicht Seinen Feinden. Doch wenn sich unser Sinn und unser Denken geändert hat, wird Gott uns nach und nach Seine Geheimnisse offenbaren, einschließlich Seines Planes für unser Leben. Millionen von Christen werden in den Himmel kommen, doch ich befürchte, dass sie den Plan Gottes hier auf Erden verpasst haben werden, weil ihr Sinn und ihr Denken nie erneuert wurden. Aus diesem Grunde sollen wir uns nicht diesem Zeitalter angleichen.

WIR MÜSSEN UNS FEST DAZU ENTSCHLIESSEN, DIESEM GEGENWÄRTIGEN ZEITALTER ZU WIDERSTEHEN.

Das zweite Buch des Timotheus berichtet uns von den großen Tragödien des Neuen Testaments. Einer der vertrauenswürdigsten, langzeitigsten Mitarbeiter des Paulus hat Paulus den Rücken gekehrt.

„Denn Demas hat mich verlassen, da er den jetzigen Zeitlauf [dieses gegenwärtige Zeitalter] *liebgewonnen hat."* (2. Timotheus 4,10)

Es heißt hier nicht, dass Demas der Sünde verfallen wäre, dass er sittenlos oder zum Trunkenbold geworden wäre. Er liebte lediglich dieses gegenwärtige Zeitalter. Er kam an einen Punkt, an dem es ihm durch die Liebe für dieses Zeitalter unmöglich wurde, weiter an der Seite des Paulus voranzugehen. Ich glaube, dass es vielen Menschen, die berufen waren, dem Herrn zu dienen, ebenso ergangen ist. Die Liebe für dieses Zeitalter hat sie davon abgehalten, ihrer Berufung nachzukommen. Ein Diener Gottes kann nicht dieses gegenwärtige Zeitalter lieben. Wir müssen uns fest dazu entschließen, diesem gegenwärtigen Zeitalter zu widerstehen.

AUSWIRKUNGEN DES HERAUSGERISSEN-SEINS AUS DIESEM GEGENWÄRTIGEN ZEITALTER

Dass man aus diesem gegenwärtigen bösen Zeitalter befreit und herausgerissen wurde, kann man an zwei eindeutigen Resultaten festmachen.

HIMMELSBÜRGERSCHAFT

Seid miteinander meine Nachahmer, Brüder, und seht auf die, welche so wandeln, wie ihr uns zum Vorbild habt! Denn viele wandeln, von denen ich euch oft gesagt habe, nun aber auch mit Weinen sage, dass sie die Feinde des Kreuzes Christi sind.
(Philipper 3,17-18)

Beachten Sie, dass sie keine Feinde Christi, sondern des Kreuzes sind. Mit anderen Worten: Solange sie das von Ihm bekommen können, was sie haben wollen, sind sie Freunde.

Deren Ende Verderben, deren Gott der Bauch und deren Ehre in ihrer Schande ist, die auf das Irdische sinnen. (Vers 19)

Paulus stellt das Ergebnis dessen, wenn man es ablehnt, das Kreuz wirklich anzunehmen, dar. Wir können schöne Dinge über Jesus sagen und Ihn unseren Erlöser nennen, doch wenn wir Sein Kreuz nicht wirklich umfangen, wird dies unsere Richtung bestimmen. Für viele zeitgenössische Christen ist ihr Bauch ihr Gott. Um die Wahrheit zu sagen: sie sind mehr daran interessiert, was sie in den Bauch bekommen, als was sie für Gott tun können. Dabei spielt es keine Rolle, welche Hautfarbe jemand hat oder welcher ethnischen Gruppe oder Nationalität jemand angehört. Dieses Problem trifft auf alle gleichermaßen zu.

VIELE CHRISTEN SIND MEHR DARAN INTERESSIERT, WAS SIE IN DEN BAUCH BEKOMMEN, ALS WAS SIE FÜR GOTT TUN KÖNNEN.

Doch denjenigen, die dieser Versuchung widerstehen, spricht Paulus zu: *„Unser Bürgerrecht aber ist im Himmel."* (Philipper 3,20; LU)

Bürgerrecht im Himmel; was bedeutet dies für uns? Ich habe die britische und die amerikanische Staatsbürgerschaft. Ich bin privilegiert. Doch die wichtigste Staatsbürgerschaft, die ich habe, ist die Staatsbürgerschaft im Himmel. Das ist die einzige Staatsbürgerschaft, die wirklich zählt. Sie ist die Folge dessen, dass man das Kreuz umfängt und von diesem gegenwärtigen bösen Zeitalter abgesondert ist. Wenn Sie Christ sind, haben Sie die Himmelsbürgerschaft, die Staatsbürgerschaft im Himmel.

Wenn Sie die Staatsbürgerschaft einer bestimmten Nation besitzen, haben Sie einen Anspruch auf den Pass dieser Nation. Wenn Sie in Ihr Heimatland kommen, wird Ihnen die Einreise auf einer ganz anderen Grundlage genehmigt, als den Leuten, die diesen Pass nicht besitzen. Haben Sie schon einmal in so einer Schlange gestanden und haben das Ganze beobachtet? Meine Frau ist nur amerikanische Staatsbürgerin. Wenn ich gemeinsam mit ihr nach Großbritannien einreise, benutze ich dazu meinen amerikanischen Pass. Wir stellen uns dann in die Schlange mit dem Schild „andere Nationalitäten". Alle, die einen britischen Pass besitzen, gehen einfach durch. Doch wenn wir in die Vereinigten Staaten reisen, müssen die anderen Leute warten, und wir gehen einfach durch. Es ist wichtig, den richtigen Pass zu haben. Und man kann nur den richtigen Pass haben, wenn man die richtige Staatsbürgerschaft besitzt. Sie benötigen die Staatsbürgerschaft im Himmel, um den himmlischen Pass besitzen zu können – das Recht auf freie Einreise in das Land, dessen Bürger Sie sind.

WARTEN AUF DIE WIEDERKEHR CHRISTI

Wir haben nicht nur die Himmelsbürgerschaft. Wir warten auch auf die Wiederkehr Christi. Das ist das zweite Merkmal des Herausgerissen-Seins aus diesem gegenwärtigen bösen Zeitalter. Paulus drückt dies folgendermaßen aus:

Denn unser Bürgerrecht ist in den Himmeln, von woher wir auch den Herrn Jesus Christus als Retter erwarten. (Philipper 3,20)

Warten wir mit Hingabe auf den Herrn Jesus Christus? Er kommt nur für diejenigen zurück, die hingegeben auf Ihn warten.

Und wie es den Menschen bestimmt ist, einmal zu sterben, danach aber das Gericht, so wird auch der Christus, nachdem er einmal geopfert worden ist, um vieler Sünden zu tragen, zum zweiten Male ohne Beziehung zur Sünde denen zum Heil erscheinen, die ihn erwarten. (Hebräer 9,27-28)

Er wird denen erscheinen, die wirklich auf Ihn warten. Wenn wir aus diesem gegenwärtigen bösen Zeitalter nicht herausgerissen worden sind, werden wir nicht mit Hingabe auf Jesus warten. Die praktischen Resultate dessen, dass wir durch den Glauben an Jesus aus diesem gegenwärtigen bösen Zeitalter herausgerissen wurden, sind also unsere Himmelsbürgerschaft, sowie, dass wir mit Hingabe auf die Wiederkehr des Herrn aus dem Himmel warten.

2. BEFREIT VOM GESETZ

Wenden wir uns nun dem Galaterbrief und der zweiten Befreiung, die uns durch das Kreuz zuteil wird, zu. Wie ich bereits erwähnte, sind diese verbleibenden vier Arten der Befreiung unterschiedliche Aspekte der primären

Befreiung „aus diesem gegenwärtigen bösen Zeitalter." Dies bedeutet, dass wir, wenn wir völlig aus diesem gegenwärtigen bösen Zeitalter befreit werden wollen, sicherstellen müssen, dass uns alle vier darauffolgenden Aspekte der Befreiung ebenso zuteil werden.

Denn ich bin durchs Gesetz dem Gesetz gestorben, damit ich Gott lebe. (Galater 2,19a)

Als Christus starb, starb ich dem Gesetz. Mein altes Ich wurde mit Ihm gekreuzigt. Durch das Kreuz und den Tod Jesu – der durch meinen Glauben zu meinem Tod geworden ist – bin ich dem Gesetz gestorben. Dies ist, falls wir ihn fassen können, ein wunderbarer Gedanke. Das Letzte, das uns das Gesetz antun kann, ist, uns zu töten. Das ist seine endgültige Strafe. Wenn es uns getötet hat, kann es uns nichts weiter anhaben. Wenn jemand hingerichtet wurde, untersteht er nicht mehr dem Gesetz. Der einzige Weg, vom Gesetz freizukommen, ist der Tod. Durch die Barmherzigkeit Gottes fand unser Tod statt, als Jesus am Kreuz starb. *„Ich bin durch das Gesetz für das Gesetz tot."* (Galater 2,19; wörtl. a. d. Engl.) Das Gesetz hat mir nichts zu sagen; ich habe zu ihm keine Beziehung mehr. Ich wurde durch den Tod Jesu vom Gesetz abgesondert.

WENN WIR UNTER DEM GESETZ SIND, STEHEN WIR NICHT UNTER DER GNADE.

Wenn ich über dieses Thema gesprochen habe, habe ich auf den Gesichtern der Zuhörer oft ein höfliches Erstaunen gesehen. Sie konnten einfach nicht begreifen, dass es das Ziel Gottes ist, uns vom Gesetz zu befreien.

Doch das ist die Wahrheit. Das ist Gottes Absicht. Dies wird in der Bibel viele Male klar ausgesagt. Hier ist eine atemberaubende Aussage:

> *Denn die Sünde wird nicht über euch herrschen, denn ihr seid nicht unter Gesetz, sondern unter Gnade.* (Römer 6,14)

Ich habe an anderer Stelle in diesem Buch bereits auf die beiden Alternativen hingewiesen, die einander ausschließen: das Gesetz und Gnade. Wir können nicht beides gleichzeitig haben; wir müssen uns entscheiden. Wenn wir unter dem Gesetz sind, stehen wir nicht unter der Gnade. Wenn wir unter der Gnade stehen, sind wir nicht unter dem Gesetz. Wir müssen also eine Entscheidung treffen: Bin ich unter dem Gesetz oder stehe ich unter der Gnade? Wir können unseren Fuß nicht gleichzeitig in zwei verschiedene Welten setzen.

Die Folgerung aus dieser Wahrheit ist, dass, wenn wir unter dem Gesetz sind, die Sünde über uns herrscht. Welches offensichtliche Fazit ziehen wir hieraus? Die einzige Möglichkeit, um der Herrschaft der Sünde zu entkommen, ist, dem Gesetz zu entfliehen. Diese Möglichkeit wurde uns durch den Tod Jesu am Kreuz bereitgestellt. *„Ich bin durch das Gesetz für das Gesetz tot."*

> *Denn als wir im Fleisch waren, wirkten die Leidenschaften der Sünden, die durch das Gesetz erregt wurden, in unseren Gliedern, um dem Tod Frucht zu bringen. Jetzt aber sind wir von dem Gesetz losgemacht, da wir dem gestorben sind,*

worin wir festgehalten wurden, so dass wir in dem Neuen des Geistes dienen und nicht in dem Alten des Buchstabens. (Römer 7,5-6)

Paulus spricht an dieser Stelle nicht von der Erlösung von Sünde, sondern von der Befreiung vom Gesetz.

In diesem schwierigen Abschnitt in Römer 7 verwendet Paulus eine Analogie. Indem er den Vergleich zu einer mit einem Mann verheirateten Frau heranzieht, sagt er: „Gemäß des Gesetzes ist eine Frau, die einen anderen Mann heiratet, während ihr Mann noch lebt, eine Ehebrecherin. Doch wenn ihr Mann gestorben ist, hat sie die Freiheit, einen anderen Mann zu heiraten" (siehe Vers 3). Laut Paulus waren wir unter dem Gesetz und mit unserem fleischlichen Wesen verheiratet. Aus dieser Verbindung heraus hat das fleischliche Wesen das hervorgebracht, was es stets hervorbringt – die Werke des Fleisches. Unter ihnen ist auch nicht *ein* gutes Werk. Doch Paulus übermittelt die gute Nachricht, dass am Kreuz unser fleischliches Wesen in Jesus gestorben ist. Dadurch haben wir die Freiheit, „jemand anderen" zu heiraten, ohne Ehebruch zu begehen. Wen sollen wir heiraten? Christus. Wenn wir mit dem auferstandenen Christus verheiratet sind, werden wir die Frucht des Geistes hervorbringen. Diese geht aus dieser Verbindung hervor.

Es gibt zwei mögliche Verbindungen: Sie können mit Ihrem fleischlichen Wesen vereint sein und die Werke des Fleisches hervorbringen – Ehe unter dem Gesetz. Oder Sie können vom Gesetz befreit sein, frei, um durch den Heiligen Geist mit Jesus in einer Ehebeziehung vereint zu sein, und die Frucht des Geistes hervorbringen.

In keinem Fall geht es darum, unser Bestes zu versuchen oder zu geben. Das Christentum ist keine Religion, in der es darum geht, sein Bestes zu geben oder eine Religion des Bemühens und Anstrengens. Das Schlüsselwort lautet *Vereinigung*. Wir bringen das hervor, das dem entspricht, mit dem wir uns vereinigt haben. Wenn wir eins sind mit unserem fleischlichen Wesen, können wir uns anstrengen wie wir wollen und alle mögliche Regeln aufstellen; am Ende werden wir doch stets die Werke des Fleisches hervorbringen – und unter ihnen ist auch nicht *ein* gutes Werk. Wenn wir andererseits durch den Heiligen Geist wirklich mit Jesus, dem auferstandenen Herrn, vereint sind, werden wir ohne menschliches Bemühen die Frucht des Geistes hervorbringen. Nicht Anstrengungen sorgen hierfür, sondern die Vereinigung – kein Regelwerk, sondern die Beziehung zu Jesus. Dieses Prinzip wird im Neuen Testament so klar dargelegt, dass es erstaunlich ist, dass es den meisten bekennenden Christen unbekannt ist.

> DAS CHRISTENTUM IST KEINE RELIGION, IN DER ES DARUM GEHT, SEIN BESTES ZU GEBEN ODER EINE RELIGION DES BEMÜHENS UND ANSTRENGENS.

Eine weitere einfache Veranschaulichung der Vereinigung ist das Gleichnis vom Weinstock, das wir in Johannes 15 finden. Jesus sagt: *„Ich bin der Weinstock, ihr seid die Reben. Wer in mir bleibt und ich in ihm, der bringt viel Frucht"* (Johannes 15,5). Das ist ein wunderbares Gleichnis über den dreieinigen Gott. Jesus sagte auch: *„Ich bin der wahre Weinstock, und mein Vater ist der Weingärtner"* (Vers 1). Wo ist an dieser Stelle der Heilige

Geist zu finden? Er ist der Saft. Die Reben bringen keine Frucht hervor, indem sie sich anstrengen, sondern indem sie am Weinstock bleiben. Wenn sie am Weinstock bleiben, bringen sie automatisch Frucht – völlig ohne Bemühungen, sondern durch das Vereinigtsein.

Wir sehen also, dass wir vom Gesetz befreit wurden, damit die fleischlichen Aktivitäten, die es in uns hervorgebracht hat, ein Ende haben. So wie Paulus sagte: *„Die aber, die im Fleisch sind, können Gott nicht gefallen"* (Römer 8,8). Die positive Kehrseite ist jedoch: Wir sind befreit vom Gesetz, um mit Jesus eins zu sein und Frucht hervorzubringen, die Gott gefällt.

DREIFACH BEFREIT

Sehen wir uns nun die drei Hauptfolgen unseres Befreitseins vom Gesetz an. Zunächst einmal sind wir von der Verdammnis befreit.

VON VERDAMMNIS BEFREIT

Darum gibt es nun keine Verdammnis für die, die in Christus Jesus sind… Denn was dem Gesetz unmöglich war, weil es durch das Fleisch geschwächt war, das tat Gott: er sandte seinen Sohn in der Gestalt des sündigen Fleisches.
(Römer 8,1 u. 3a; LU; z. T. wörtl. a. d. Engl.)

Der Brief an die Römer ist wie Filterkaffee. Wir kennen ja zwei verschiedene Arten von Kaffee: Filterkaffee und löslichen Kaffee. Filterkaffee zuzubereiten dauert länger, weil er erst aufgebrüht werden muss. Der Römerbrief ist wie Filterkaffee. Wir bekommen aus Römer 8 keinen löslichen Kaffee heraus. Wir müssen uns durch die vorangegangenen sieben Kapitel hindurcharbeiten. Das entspricht dem Aufbrühen in der Kaffeemaschine. Doch das Ergebnis hat ein viel besseres Aroma. Nur wenn wir uns zuvor mit diesen Kapiteln auseinandergesetzt haben, kommen wir zum *„darum"*. Die vorangegangenen Kapitel setzen sich mit der völligen Sündhaftigkeit der gesamten Menschheit und mit dem Versagen der Religion in dem Versuch, das sündhafte Wesen des Menschen zu ändern, auseinander. Anhand Abraham und David als Beispiele (Kapitel 4) und mit einem Vergleich zwischen Adam und Christus (Kapitel 5) offenbart Kapitel 6 die Antwort Gottes in Bezug auf den alten Menschen: Hinrichtung. Gott flickt ihn nicht zusammen. Er erneuert ihn nicht. Er schickt ihn nicht zum Gottesdienst. Er exekutiert ihn! Die gute Nachricht ist die, dass diese Exekution stattfand, als Jesus am Kreuz starb.

Römer 7 befasst sich mit unserer Beziehung zum Gesetz. Ich habe immer gedacht: *Warum geht es nach alledem nun um das Gesetz?* Doch ich habe aus eigener Erfahrung, durch meinen Dienst an anderen Menschen, und aus dem Studium des Wortes Gottes gelernt, dass die allerletzte Hürde, die wir überwinden müssen (das Filtern des Kaffees) die ist, wie wir zum Gesetz stehen. Die meisten Christen sind nie so weit gekommen. Ohne den Kaffeefilter können wir nicht in Römer 8 leben, weil die Grundvoraussetzung *„keine Verdammnis"* ist. Sobald wir unter Verdammnis geraten, befinden wir uns außerhalb des vom Heiligen Geist kontrollierten Lebens von Römer 8. Das Hauptziel des Teufels ist es, uns unter Verdammnis zu bringen. Das Ziel und Vorhaben des Wortes Gottes, insbesondere des Römerbriefes, ist es, uns von Verdammnis zu befreien.

FREI, UM ZU LIEBEN

Darüber hinaus bringt uns das Befreitsein vom Gesetz Freiheit, um zu lieben. So wie das Gesetz und die Gnade einander gegenüberstehen, so ist es auch bei Gesetzlichkeit und Liebe. In einem gesetzlichen System ist es sehr schwer, zu lieben.

> DAS HAUPTZIEL DES TEUFELS IST ES, UNS UNTER VERDAMMNIS ZU BRINGEN.

Seid niemand irgend etwas schuldig, als nur einander zu lieben! Denn wer den anderen liebt, hat das Gesetz erfüllt. (Römer 13,8)

Beachten Sie: derjenige, der liebt, „**hat** das Gesetz erfüllt." Es ist nicht etwas, das er erst noch schaffen muss.

Denn die Gebote: „Du sollst nicht ehebrechen", „du sollst nicht töten", „du sollst nicht stehlen", „du sollst nicht begehren", und wenn es ein anderes Gebot gibt, ist in diesem Wort zusammengefasst: „Du sollst deinen Nächsten lieben wie dich selbst." Die Liebe

tut dem Nächsten nichts Böses. So ist nun die Liebe die Erfüllung des Gesetzes.
(Verse 9 u. 10)

Das ist sehr einfach. Das Problem der Theologen ist im Grunde, dass es zu einfach ist. Und doch ist es wahr. Im Galaterbrief finden wir hierzu noch die folgende Erkenntnis:

Denn in Christus Jesus gilt weder Beschneidung noch Unbeschnittensein etwas, sondern der Glaube, der durch die Liebe wirksam ist.
(Galater 5,6; Schlachter)

Letzten Endes zählt am meisten der durch die Liebe tätige Glaube. Wenn wir je von dieser Wahrheit abweichen, sind wir auf dem Weg in die falsche Richtung. Wir können uns von allen möglichen klugen theologischen Theorien, Interpretationen und Meinungen ablenken lassen. Doch wenn wir jemals vom durch die Liebe wirksamen Glauben abweichen, sind wir aus der Spur. Dann haben wir das zentrale Anliegen der Botschaft des Evangeliums verpasst.

Denn das ganze Gesetz ist in einem Wort erfüllt, in dem: „Du sollst deinen Nächsten lieben wie dich selbst."
(Vers 14)

Eine solche Liebe ist nicht möglich, wenn uns das Gesetz bindet, weil uns unser fleischliches Wesen gebunden hält. Wie wir gesehen haben, bringt das fleischliche Wesen alles andere als gute Frucht hervor.

DAS WERK DES KREUZES

FREI, UM VOM HEILIGEN GEIST GELEITET ZU WERDEN

Die dritte Auswirkung des Befreitseins vom Gesetz ist die Freiheit, sich vom Heiligen Geist leiten zu lassen.

Denn so viele durch den Geist Gottes geleitet werden, die sind Söhne Gottes. Denn ihr habt nicht einen Geist der Knechtschaft empfangen, wieder zur Furcht, sondern einen Geist der Sohnschaft habt ihr empfangen, in dem wir rufen: Abba, Vater!
(Römer 8,14-15)

> DOCH WENN WIR JEMALS VOM DURCH DIE LIEBE WIRKSAMEN GLAUBEN ABWEICHEN, SIND WIR AUS DER SPUR.

Wie ich bereits erwähnt habe, hat uns Gott nicht den Geist der Knechtschaft, sondern den Geist der „Sohnschaft" gegeben. Gott möchte keine Sklaven. Er wünscht sich Söhne und Töchter. Das Merkmal von Söhnen Gottes kommt hier klar zum Ausdruck. „*Denn so viele* [regelmäßig] *durch den Geist Gottes geleitet werden, die sind Söhne Gottes.*"

Die meisten Leute mit einem Gemeindehintergrund haben Predigten darüber gehört, wie man wiedergeboren wird, und vielleicht auch darüber, wie man die Taufe im Heiligen Geist empfängt. Das sind grandiose Wahrheiten. Die Wiedergeburt macht uns zum Kind Gottes. Die Taufe im Heiligen Geist rüstet uns zu, um Gott mit übernatürlicher Kraft dienen zu können. Doch die einzige Möglichkeit, wie wir ein reifer Sohn Gottes werden können, ist die, uns vom Heiligen Geist leiten zu lassen.

Ich habe vor großen Gemeinden und Versammlungen gesprochen und die Frage gestellt: „Wer von euch hat schon einmal eine Predigt darüber gehört, wie man vom Heiligen Geist geleitet wird?" Sehr oft heben nicht mehr als 25 Prozent der Teilnehmer die Hand, was ein reichlich unzulängliches Ergebnis darstellt. Wir konzentrieren uns so sehr auf diese einmaligen Erfahrungen und erkennen nicht, wie wichtig das beständige Leben im Geist ist.

Die Worte in diesem Vers stehen in der Verlaufsform: „So viele regelmäßig durch den Geist Gottes geleitet werden, die [und nur die] sind Söhne Gottes." Wenn Sie das mit Galater 5,18 in Zusammenhang bringen, erkennen Sie die Gänze dessen, was ich mitzuteilen versuche: „Wenn ihr aber durch den Geist geleitet werdet, seid ihr nicht unter Gesetz."

Wenn wir vom Heiligen Geist geleitet werden wollen, können wir nicht unter dem Gesetz stehen. Und wenn wir nicht vom Heiligen Geist geleitet werden, können wir keine reifen Söhne Gottes werden. Vom Gesetz befreit zu werden, bedeutet eine Freisetzung, um durch die Führung des Heiligen Geistes ein reifer Sohn oder eine reife Tochter Gottes zu werden. Ich möchte Ihnen folgendes sagen: der Heilige Geist ist eine Person. Er ist weder ein Regelwerk noch ein theologisches Konzept. Er ist kein Halbsatz im Apostolischen Glaubensbekenntnis; Er ist eine Person. Wir müssen lernen, mit Ihm eine persönliche Beziehung zu haben und Ihm gegenüber sensibel zu sein.

Mir ist bewusst, dass dies für religiöse Menschen ein enormes Problem darstellt. Sie denken: „Wenn ich die Regeln hinter mich lasse, woran soll ich mich dann festhalten? Das ist gefährlich." Ironischerweise sagt uns die Bibel, was wirklich gefährlich ist: Wenn man versucht, nach den Regeln zu leben. Regeln haben in bestimmten Bereichen definitiv ihren Platz. Ich glaube daran, dass man sich an Geschwindigkeitsbegrenzungen halten sollte. Ich glaube daran, dass man ein folgsamer Bürger des Landes sein sollte, in dem man lebt. Ich glaube auch, dass es ein paar einfache, praktische Familienregeln geben sollte. Ich glaube ebenso, dass es ein paar einfache Prinzipien geben sollte, damit die Führung der Gemeindeangelegenheiten in geordneten Bahnen verläuft. Doch durch das Einhalten von Regeln werden wir nicht gerecht gemacht. Wenn wir durch den Glauben Gerechtigkeit erlangt haben und die Regeln richtig sind, werden wir sie einhalten. Doch unsere Gerechtigkeit basiert nicht auf dem Einhalten dieser Regeln. Wenn die einzige Gerechtigkeit, die wir haben, aus dem Einhalten von Regeln besteht (wie dies bei Millionen von Christen der Fall ist), haben wir nie die Gerechtigkeit erlebt, die wir in den Augen Gottes haben sollen.

3. BEFREIT VOM „ICH"

Ich bin mit Christus gekreuzigt, und nicht mehr lebe ich, sondern Christus lebt in mir; was ich aber jetzt im Fleisch lebe, lebe ich im Glauben, und zwar im Glauben an den Sohn Gottes, der mich geliebt und sich selbst für mich hingegeben hat.
(Galater 19b-20)

Die Tatsache, dass dieser Aspekt der Befreiung in der Mitte der fünf Aspekte gelegen ist, halte ich für sehr angemessen. Ich glaube nicht, dass wir jemals die Fülle des Willens Gottes für unser Leben finden oder all das, was das Kreuz für uns bereitgestellt hat, genießen können, solange wir dem Kreuz nicht gestatten, das *„Ich"* zu töten. Das eigene „Ich" ist die Wurzel vieler Übel, die in der Gemeinde Jesu alltäglich sind: Stolz, Egoismus, persönliche Ambitionen und Sektierertum. All diese Dinge stehen für ein ungekreuzigtes Ego. Rassismus ist ein weiterer Aspekt des ungekreuzigten Egos, und sogar in der Gemeinde Christi entdecken wir viel Rassismus.

WIR WERDEN NICHT GERECHT GEMACHT DURCH DAS EINHALTEN VON REGELN.

Als ich in den 50-er Jahren in England als Pastor tätig war, hatten wir in unserer Gemeinde eine liebe „geistliche Schwester", die wie ein Engel für die Menschen in Afrika betete, doch wenn sich ein schwarzer Bruder neben sie setzte, störte sie das regelrecht. In manchem von uns findet man noch eine Menge unterschwelligen Rassismus, und das widerspricht sehr den Zielen Gottes für die Gemeinde.

Tut nichts aus Eigennutz oder um eitler Ehre willen, sondern in Demut achte einer den andern höher als sich selbst. (Philipper 2,3; LU)

Die Haltung, die hier beschrieben wird, ist das Ergebnis der Kreuzigung des Egos, doch solange wir unser Ich nicht am Kreuz haben sterben lassen, ist sie unmöglich.

DAS WERK DES KREUZES

Zwei Dinge, die in der Gemeinde Jesu sehr auffällig sind, sind Konkurrenzdenken und persönliche Ambitionen. Als Pastor habe ich im christlichen Dienst von heute eine Menge persönlicher Ambitionen und Konkurrenzdenken erlebt. Was ist der Grund hierfür? Unsere Egos sind noch nicht am Kreuz gestorben.

Ich möchte darlegen, was die wirkliche Trennungslinie zwischen der wahren Gemeinde Jesu und der heutigen Welt ist. In 2. Timotheus gibt uns Paulus eine sehr deutliche Beschreibung des Verfalls des menschlichen Charakters, der das Ende dieses Zeitalters kennzeichnen wird. Wie viele dieser achtzehn moralischen und ethischen Makel sind in unserer heutigen Gesellschaft deutlich sichtbar?

Dies aber wisse, dass in den letzten Tagen schwere Zeiten eintreten werden; denn die Menschen werden selbstsüchtig sein, geldliebend, prahlerisch, hochmütig, Lästerer, den Eltern ungehorsam, undankbar, unheilig, lieblos, unversöhnlich, Verleumder, unenthaltsam, grausam, das Gute nicht liebend, Verräter, unbesonnen, aufgeblasen, mehr das Vergnügen liebend als Gott.

(2. Timotheus 3,1-4)

Vielleicht sagen Sie jetzt: „Das ist eine schreckliche Liste, doch zumindest finden wir diese Auswüchse nicht in der Gemeinde." Das ist äußerst falsch, denn im nächsten Vers heißt es:

die eine Form der Gottseligkeit haben…

(Vers 5a)

Ich glaube nicht, dass Paulus jemals den Begriff Gottseligkeit in Zusammenhang mit einer Religion benutzt hätte, die nichts mit der Bibel oder Jesus Christus zu tun hat. Hier geht es um Menschen, die sich in irgendeiner Form zu der Zugehörigkeit zu einer Gemeinde bekannt haben. Paulus fährt fort und sagt:

...deren Kraft aber verleugnen. (Vers 5b)

Diejenigen, die die Kraft der Gottseligkeit, die das menschliche Wesen und seine Natur radikal verändern, verleugnen, sind religiös, doch sie fahren einfach damit fort, dieselbe Art von Leben zu führen wie zuvor, als sie sich noch nicht zur Religion bekannten. Die obige Liste beginnt und endet mit dem, was die Menschen lieben. Der erste Punkt auf der Liste ist Selbstsüchtigkeit, also Eigenliebe. Dann folgen Geldliebe, und der letzte Punkt ist Vergnügungsliebe.

Sehen wir uns diese drei Merkmale kurz einmal genauer an – Eigenliebe, Geldliebe und Vergnügungsliebe. Sie sind die drei vielleicht charakteristischsten Merkmale unserer heutigen Kultur, und ich möchte gleich noch hinzufügen, dass die Wurzel von alldem das erste Merkmal – die Eigenliebe – ist. Die bloße Tatsache, dass jemand nicht flucht, an Glücksspielen teilnimmt, trinkt, raucht oder Drogen nimmt, bedeutet nicht gleich, dass er Christ ist. Wir können nicht deshalb behaupten Christ zu sein, weil wir diese offensichtlichen Sünden nicht begehen, weil wir beispielsweise trotzdem sehr egoistisch sein können. Das wahre Unterscheidungsmerkmal, das die Welt und die wahre Gemeinde voneinander trennt, ist, ob die Menschen sich selbst lieben, oder ob das Ich gekreuzigt wurde und sie für etwas anderes als sich selbst leben.

Wir hören oft diese Parodie auf das typische Gebet des durchschnittlichen Gemeindemitglieds: „Gott, segne mich und meine Frau, unseren Sohn John und seine Frau, uns vier und sonst niemanden. Amen." Das ist religiös, aber extrem egoistisch, stimmt's? Wie viele von uns sind in ihren Gebeten Ichbezogen? Wie viele von uns beten je für Dinge, die über den eigenen kleinen Horizont der Dinge, die einen *selbst* interessieren und *selbst* betreffen, hinausgehen? Doch Gott hat eine Möglichkeit geschaffen, um von dieser engen Blickrichtung loszukommen, und zwar durch das Kreuz. Wir können diese Entscheidung treffen und erklären: *„Ich bin mit Christus gekreuzigt, und nicht mehr lebe ich, sondern Christus lebt in mir."*

DIE BLOSSE TATSACHE, DASS JEMAND NICHT FLUCHT, AN GLÜCKSSPIELEN TEILNIMMT, TRINKT, RAUCHT ODER DROGEN NIMMT, BEDEUTET NICHT GLEICH, DASS ER CHRIST IST.

Für diesen Schritt sind zwei Handlungen nötig: Zunächst eine Entscheidung, und zweitens das richtige Bekenntnis. Es ist wichtig, ein persönliches Bekenntnis abzugeben. In Römer 6 sagt Paulus: *„Unser alter Mensch wurde mit ihm gekreuzigt"* (Vers 6; wörtl. a. d. Engl.) Das ist eine allgemeine Aussage. Doch in Galater 2, in den Versen 19 und 20, legt Paulus folgendes persönliches Zeugnis ab: *„Ich bin mit Christus gekreuzigt, und nicht mehr lebe ich, sondern Christus lebt in mir."*

DAS GEKREUZIGTE EGO

Unser gekreuzigtes Ego bringt drei direkte Auswirkungen hervor. Als erstes zu nennen wäre hier die Freiheit zu dienen.

FREIHEIT ZU DIENEN

Und Jesus rief sie [Seine Jünger] zu sich und spricht zu ihnen: Ihr wisst, dass die, welche als Regenten der Nationen gelten, sie beherrschen und ihre Großen Gewalt gegen sie üben. So aber ist es nicht unter euch; sondern wer unter euch groß werden will, soll euer Diener sein; und wer von euch der Erste sein will, soll aller Sklave sein. (Markus 10,42-44)

Vor ein paar Jahren kam ein junger Mann, der ein hingegebener Christ mit bemerkenswerten Gaben war, zu mir. Er sagte zu mir: „Bruder Prince, ich möchte Ihnen dienen." Das war für mich eigentlich keine allzu gute Nachricht, weil ich ein sehr unabhängiger Mensch bin. Ich dachte: *Ich komme auch ohne Sie sehr gut zurecht. Wenn Sie damit anfangen, mir zu dienen, werde ich Sie oft auch dann um mich haben, wenn ich lieber alleine sein möchte. Und darüber hinaus werden Sie mich in Situationen beobachten, in denen ich lieber unbeobachtet sein möchte.* Deshalb sagte ich zu ihm: „Ich werde darüber nachdenken." Doch im Gebet sagte der Herr zu mir: „Wenn du diesem jungen Mann nicht die Möglichkeit gibst, Dir zu dienen, schließt du die einzige Tür für ihn, um auf legitime Weise voranzukommen." Also sagte ich zu dem jungen Mann: „Okay." Und es entwickelte sich eine wunderbare Beziehung zwischen uns, und Gott brachte ihn in Seinem Reich kontinuierlich voran. Das war für mich eine wichtige Lehre.

Dieses Vorankommen und dieser Aufstieg liegen nicht in der Hand von Menschen, sondern in der Hand Gottes. Jesus hat gesagt, dass wir, wenn wir groß werden wollen, ein Diener werden müssen. Wenn wir der Herr sein wollen, müssen wir der Sklave werden. Mit anderen Worten: Je höher Sie aufsteigen wollen, desto weiter unten müssen Sie anfangen. Denken Sie in diesem Zusammenhang auch über die Worte aus Matthäus 23,12 nach, die auch in Lukas 14,11 zu finden sind: *„Wer sich aber selbst erhöhen wird, wird erniedrigt werden; und wer sich selbst erniedrigen wird, wird erhöht werden."* Das ist ein Gesetz, das das Universum lenkt. Möchten Sie den Aufstieg? Ich kann Ihnen selbigen garantieren! Demütigen Sie sich einfach selbst und fangen Sie unten an. Finden Sie einen Ort, an dem Sie dienen können bzw. finden Sie jemanden, dem Sie dienen können. Doch Sie werden dazu nicht in der Lage sein, solange Sie sich noch nicht mit Ihrem alten Ego auseinandergesetzt haben. Das ungekreuzigte Ego macht den Dienst kaputt.

Der Pfad zu Autorität und Leiterschaft in der Gemeinde Jesu führt über das Dienen. Es gibt keinen anderen legitimen Weg. Jeder, der in der Gemeinde Jesu über irgendeinen anderen Weg an eine Position mit Autorität gelangt, wird nicht in der Lage sein, die Autorität richtig auszuüben.

FREI VON SELBSTBESTREBEN

Die zweite Auswirkung des gekreuzigten Ichs ist es, von Selbstbestreben und Eigenförderung frei zu sein. Was für eine wunderbare Befreiung!

Denn wir predigen nicht uns selbst, sondern Christus Jesus als Herrn, uns aber als eure Sklaven um Jesu willen. (2. Korinther 4,5)

Das ist zu jeder Zeit eine bemerkenswerte Aussage, doch wenn wir bedenken, wer sie wem gegenüber gemacht hat, ist sie noch wesentlich bemerkenswerter. Denken Sie an den äußerst selbstgerechten Pharisäer Saulus von Tarsus, der in dem Glauben aufgewachsen war, dass er und seine Nation die einzigen Erwählten wären. Paulus war gelehrt worden, eine bestimmte Art sehr strengen Lebens zu führen und eine ganze Reihe von Regeln einzuhalten. Dies nicht zu tun, würde ihn schmutzig und unrein machen. Dann traf er Jesus auf der Straße nach Damaskus, und der veränderte ihn!

Ein paar Jahre später begegnet uns Saulus wieder, als er den Gläubigen in Korinth, einem verruchten Seehafen, einen Brief schreibt. Die Liste dessen, was diese Leute so trieben ist einigermaßen schockierend. Sie waren Prostituierte, Zuhälter, Homosexuelle, Trunkenbolde; jede abscheuliche Sünde wurde unter ihnen praktiziert. Doch sie waren durch die Kraft des Evangeliums auf wunderbare Weise verändert worden!

DAS WERK DES KREUZES

Stellen Sie sich nun einmal vor, was es für Paulus bedeutet hat, diesen Leuten zu schreiben und ihnen zu sagen: „Wir predigen nicht uns selbst, sondern Jesus Christus, den Herrn, uns selbst aber als Eure Sklaven um Jesu willen." Das ist das gekreuzigte Ego, das gekreuzigte Ich!

Im Jahre 1957 ging ich für fünf Jahre nach Kenia in Ostafrika, um afrikanische Lehrer für afrikanische Schulen auszubilden. Ich würde mich nicht als jemanden bezeichnen, der rassistische Vorurteile hat. Immerhin hatte ich zu jener Zeit acht Adoptivtöchter, von denen sechs jüdischer Herkunft waren, eine war Araberin, und eine war englischstämmig. Doch als diese Situation auf mich zukam, und ich wirklich wollte, dass alles nach dem Willen Gottes geschieht, musste ich für mich selbst die Entscheidung treffen, wer ich wirklich war. Ich war Cambridge-Absolvent. Ich hatte eine Ausbildung am Eton-College genossen. Aus der Sicht des akademischen Lebens in Großbritannien betrachtet, hatte ich den Gipfel erreicht. All meine Vorfahren waren Offiziere in der britischen Armee gewesen. Ich musste mich wirklich fragen: „Bin ich bereit, zu diesen schwarzen Studenten zu sagen: ‚Nicht ich, sondern Jesus Christus, der Herr; und ich bin euer Diener'?" Dankbar kann ich zur Ehre Gottes sagen, dass ich dies gern tat. Und ich war im Dienst nie glücklicher als in Ostafrika.

> DER PFAD ZU AUTORITÄT UND LEITERSCHAFT IN DER GEMEINDE JESU FÜHRT ÜBER DAS DIENEN.

FREIHEIT VON SELBSTRECHTFERTIGUNG

Die letzte Auswirkung der Kreuzigung des Egos ist schließlich, dass ich mich nicht mehr selbst rechtfertigen muss. O, was für eine Entlastung! Die Leute können mir widersprechen und mit mir debattieren. Aber ich kann sagen: „Warten wir's ab, wer Recht hat. Vielleicht liege ich ja falsch." Ist das nicht erstaunlich? Ein Prediger könnte falsch liegen! Welche Last doch von mir abgefallen ist, als ich entdeckte, dass ich mich nicht selbst rechtfertigen muss.

4. BEFREIT VOM FLEISCH

Die aber dem Christus Jesus angehören, haben das Fleisch samt den Leidenschaften und Begierden gekreuzigt. (Galater 5,24)

Das Kennzeichen dafür, dass wir zu Jesus Christus gehören, ist, dass wir das Fleisch gekreuzigt haben. Das ist der Beweis. *„Die aber dem Christus Jesus angehören, haben das Fleisch gekreuzigt."*

In 1. Korinther 15,23 sagt uns Paulus, dass, wenn Jesus wiederkehrt, er für diejenigen wiederkehrt, die die Seinen sind. Dieser Vers im Galaterbrief sagt uns, dass diejenigen Ihm angehören, die ihr Fleisch samt den Leidenschaften und Begierden gekreuzigt haben. Für wen kommt Jesus also wieder? Für diejenigen, die das Kreuz gekreuzigt haben. Er kommt nicht für jeden zurück, der sich als Christ bekennt, aber ein fleischliches, egoistisches, zügelloses Leben führt. Er kommt für diejenigen wieder, die es dem Kreuz gestattet haben, in ihrer fleischlichen Natur sein Werk zu vollbringen.

Denn das Fleisch begehrt gegen den Geist auf, der Geist aber gegen das Fleisch; denn diese sind einander entgegengesetzt, damit ihr nicht das tut, was ihr wollt. (Galater 5,17)

Bevor Gott unsere fleischliche Natur ändert, steht sie mit dem Geist Gottes in völligem Widerstreit.

Die aber, die im Fleisch sind, können Gott nicht gefallen. (Römer 8,8)

Die gemäß ihrer alten fleischlichen, unerneuerten Natur leben, können Gott nicht wohlgefällig sein. Ob sie nun religiös oder unreligiös sind, ist unerheblich.

So sind wir nun, Brüder, nicht dem Fleisch Schuldner, um nach dem Fleisch zu leben; denn wenn ihr nach dem Fleisch lebt, so werdet ihr sterben, wenn ihr aber durch den Geist die Handlungen des Leibes tötet, so werdet ihr leben. (Römer 8,12-13)

Es liegt in unserer Verantwortung, die Handlungen des Fleisches zu töten. Christus hat dies möglich gemacht, doch wir müssen es umsetzen.

Denken Sie einmal kurz darüber nach, was vom Fleisch abgedeckt wird. Da wäre nicht nur Sittenlosigkeit zu nennen, wie manche vielleicht annehmen könnten. Diese ist sogar nicht einmal das Hauptmerkmal fleischlichen Handelns. Furcht, Groll, Zorn, Habgier, Begehrlichkeit, sexuelle Gelüste und ein launisches Wesen sind allesamt übliche Symptome der fleischlichen Natur. Ein launischer Christ drückt zunächst einmal eine Glaubensverleugnung aus. Zweitens belegt der- oder diejenige, dass das Kreuz nicht gekreuzigt wurde. Ich kann sagen, dass ich, durch die Gnade Gottes, heute kein launischer Mensch mehr bin, weil ich dem Kreuz erlaubt habe, sein Werk in mir zu tun und sich mit meinen Launen auseinanderzusetzen. Wir müssen begreifen, dass das Fleisch gegen den Geist und der Geist gegen das Fleisch kämpft.

> ES LIEGT IN UNSERER VERANTWORTUNG, DIE HANDLUNGEN DES FLEISCHES ZU TÖTEN.

5. BEFREIT VON DER WELT

Mir aber sei es fern, mich zu rühmen als nur des Kreuzes unseres Herrn Jesus Christus, durch das mir die Welt gekreuzigt ist und ich der Welt.
(Galater 6,14)

Das Kreuz trennt und befreit uns von einer Gesellschaft, die nicht der gerechten Regentschaft Gottes untersteht. Jesus hat gesagt: „Ihr seid nicht in der Welt, weil ich euch aus der Welt herausgerufen habe." Dies bedeutet nicht, dass Gott von uns möchte, dass wir die Augen und Ohren verschließen und herumlaufen, als würde die physische, materielle Welt um uns herum nicht existieren. Es gibt einen einfachen Weg, um von der Welt abgesondert zu sein, und zwar, indem wir der Herrschaft Jesu in unserem Leben völlig hingegeben sind. Die Welt ist dies nicht.

Wenn wir heute auf die Welt blicken, hängt zwischen ihr und uns ein Leichnam am Kreuz, und wenn die Welt auf uns schaut, sieht sie dasselbe. Es gibt eine völlige Trennung. Sie ist nicht physischer, sondern geistlicher Natur. Wir gehören in ein völlig anderes Reich. Wir wurden von den Meinungen, Werten, Beurteilungen, Verlockungen und Täuschungen der Welt – der gegenwärtigen Weltordnung, die durch Satan kontrolliert und beherrscht wird – befreit.

Die ganze Welt steht unter der Macht des Bösen.
(1. Johannes 5,19; EÜ)

Der große Drache, die alte Schlange, der Teufel und Satan genannt wird, der den ganzen Erdkreis verführt. (Offenbarung 12,9)

Sobald Christen unter den Einfluss der Welt geraten, werden sie verführt und getäuscht, weil der Geist dieser Welt genau das Gegenteil des Geistes Gottes ist.

Wir aber haben nicht den Geist der Welt empfangen, sondern den Geist, der aus Gott ist, damit wir die Dinge kennen, die uns von Gott geschenkt sind.
(1. Korinther 2,12)

AUSWIRKUNGEN DER BEFREIUNG VON DER WELT

Der Geist dieser Welt wird all das verschleiern und verbergen, was uns von Gott geschenkt wurde. Der Geist Gottes hingegen wird uns all das, was Er uns geschenkt hat, offenbaren.

DEM REICH CHRISTI HINGEGEBEN

Die erste Auswirkung dessen, dass man von der Welt befreit wurde, ist die Hingabe an das Reich Christi.

Trachtet aber zuerst nach dem Reich Gottes und nach seiner Gerechtigkeit! Und dies alles wird euch hinzugefügt werden. (Matthäus 6,33)

Ich war Gott nicht so völlig treu gegenüber, wie ich es gewünscht hätte. Rückblickend kann ich aber sagen, dass in meiner eigenen Erfahrung über die Jahre hinweg deutlich geworden ist, dass die Heilige Schrift wirksam ist. Das ist die Wahrheit. Sie funktioniert.

FREI VON DER MANIPULATION SATANS

Zweitens sind Sie frei von den Manipulationen und Täuschungen Satans. Das trifft insbesondere heutzutage in Bezug auf die Medien zu. Diese Freiheit ist äußerst wichtig, weil unsere Gedankenwelt permanent mit Darstellungen bombardiert wird, von denen die meisten falsch sind. Sie sind im wahrsten Sinne geistlich unwahr.

FREI DAZU, SICH NICHT ZU BEUGEN

Schließlich bedeutet eine Freisetzung von der Herrschaft dieser Welt, dass wir die Kraft haben werden – so wie Schadrach, Meschach und Abed-Nego – uns zu weigern, uns vor den Götzen der Welt niederzuwerfen. Der Druck, sich vor den Götzen der Welt wie beispielsweise weltlicher Erfolg, Beliebtheit, Reichtum, Macht, Vergnügen und Bequemlichkeit zu beugen, ist heutzutage immens – insbesondere unter den jungen Leuten.

> DER GEIST DIESER WELT WIRD ALL DAS VERSCHLEIERN UND VERBERGEN, WAS UNS VON GOTT GESCHENKT WURDE.

Einige ernste Worte im Hebräerbrief sollen uns sowohl ermutigen als auch herausfordern:

> *Werft also eure Zuversicht nicht weg, die großen Lohn mit sich bringt. Was ihr braucht, ist Ausdauer, damit ihr den Willen Gottes erfüllen könnt und so das verheißene Gut erlangt. Denn nur noch eine kurze Zeit, dann wird der kommen, der kommen soll, und er bleibt nicht aus. Mein Gerechter aber wird durch den Glauben leben; doch wenn er zurückweicht, habe ich kein Gefallen an ihm. Wir aber gehören nicht zu denen,*

die zurückweichen und verlorengehen, sondern zu denen, die glauben und das Leben gewinnen. (Hebräer 10,35-39; EÜ)

Ich erkenne in diesem Abschnitt drei primäre Warnungen. Erstens sollen wir unsere Zuversicht nicht wegwerfen. Diejenigen, die einen starken Glauben haben, müssen darauf achten, nicht das Gute, das sie von Gott empfangen haben, aufzugeben.

Zweitens ist Ausdauer notwenig, um die Verheißungen Gottes zu erhalten. Es ist eine Sache, die Bedingungen zu erfüllen; eine andere ist es, die Verheißung auch zu empfangen. Fast jeder von uns weiß aus Erfahrung, dass es oft einen recht großen Zeitraum gibt zwischen der Tat, die uns für die Verheißung qualifiziert, und dem Augenblick, in dem uns die Erfüllung der Verheißung zuteil wird. In der Zwischenzeit müssen wir ausdauernd sein.

Drittens dürfen wir nicht vergessen, dass die Belohnung vor uns liegt. Sie wird uns gegeben, wenn der kommt, der da kommt. Dann wird uns die endgültige Belohnung zuteil werden. Wir müssen bis dahin durchhalten. Dieser Abschnitt eröffnet uns wirklich nur zwei Möglichkeiten: entweder halten wir durch, oder wir weichen zurück. Wenn wir durchhalten, werden wir die Verheißung erben. Wenn wir aber zurückweichen, werden wir verlorengehen – in manchen Übersetzungen steht „zugrunde gehen" oder „verdammt werden". Das sind sehr starke Worte. Doch ich bin dankbar dafür, dass uns das Wort Gottes so ehrlich mit der Wahrheit konfrontiert. Was werden wir tun? Werden wir durchhalten? Oder werden wir zurückweichen?

DAS WERK DES KREUZES

UNSER RUF IN DIE SCHLACHT

Sie befinden sich in einer Schlacht gegen einen unsichtbaren Feind in einem unsichtbaren Reich, der Zauberei einsetzt, um die Menschheit, und damit das Abbild Gottes, wenn möglich zu zerstören. Durch Stolz und Schuld versucht Satan, das zu zerstören, was Gott geschaffen hat. Gott sei Dank, dass Er dazu bereit war, sich hinunterzubeugen und die Schöpfung durch das einmalige Opfer Seines Sohnes, Jesus Christus, zu erlösen. Durch Seinen Tod hat Jesus die Fürsten und Gewalten Satans entwaffnet und für immer die Schuld und die Sünde, die Sie von Gott getrennt hat, ausgelöscht.

Paulus sagt, dass die Sünde nicht weiter die Herrschaft über Sie haben wird, weil Sie nicht mehr unter dem Gesetz, sondern unter der Gnade stehen.

Denn Christus ist des Gesetzes Ende, jedem Glaubenden zur Gerechtigkeit. (Römer 10,4)

Glauben Sie? Dann ist für Sie Christus das Ende des Gesetzes zur Gerechtigkeit. Nicht das Ende des Gesetzes als Teil des Wortes Gottes oder als Teil der Kulturgeschichte Israels; aber das Ende des Gesetzes als Mittel, um bei Gott Gerechtigkeit zu erlangen. Dies trifft auf jeden zu, der glaubt – ob Jude oder Heide, Protestant oder Katholik. Wenn Sie von Gott durch den Tod Jesu am Kreuz für gerecht erachtet werden wollen, bedeutet dies das Ende des Gesetzes.

DAS WERK DES KREUZES

Und just dieses Kreuzeswerk setzt den Sieg Christi über Satan auch heute noch durch. Es ist der einzige Ausweg aus dem Bösen dieses Zeitalters und dem vielfältigen Druck, der durch die gegenwärtige Gesellschaft in der Welt auf uns ausgeübt wird.

Doch wir müssen es täglich in unserem Leben umsetzen und wirksam werden lassen, um unsere vollständige Befreiung zu erlangen. Sie können das Kreuz in Ihrem eigenen Leben wirksam werden lassen. Sie können von diesem bösen Zeitalter befreit werden – vom Gesetz, vom eigenen Ich, vom Fleisch und von der Welt.

Sie können Satan entwaffnen. Und wenn Sie mit dem Kreuz als Ihrer Waffe den Feind entwaffnen, werden Sie einen Ort der höchsten und äußersten Sicherheit finden – einen Ort auf der anderen Seite des Kreuzes. Diese Sicherheit kehrt ein, wenn wir uns Gott hingeben und Seinen Weg wirklich gehen. Sie kehrt ein, wenn wir uns selbst verleugnen, unser Kreuz auf uns nehmen, und Ihm nachfolgen.

Wollen Sie sich dem, was Jesus gesagt hat, hingeben? Verleugnen Sie sich selbst. Nehmen Sie Ihr Kreuz auf sich. Folgen Sie Ihm nach!

Fußnoten:

Nr. 1 auf Seite 12:
Bibelreferenzen zu Erzengel Michael: Daniel 10,13 u. 21; 21,1; Judas 9; Offenbarung 12,7. Zu Erzengel Gabriel: Daniel 8,16; 9,21; Lukas 1,26.

Nr. 2 auf Seite 120:
Siehe 1.Chronik 29,10; Nehemia 9,5; Psalm 9,5; 10,16; 21,4; 45,6 u. 17; 48,14; 52,8; 111,8; 119,44; 145,1–2 u. 21; 148,6; Jesaja 30,8; 45,17; Jeremia 7,7; 25,5; Daniel 2,20; 12,3; Micha 4,5; Galater 1,5; Epheser 3,21; Philipper 4,20; 1.Timotheus 1,17; 2.Timotheus 4,18; Hebräer 1,8; 13,21; 1.Petrus 4,11; 5,11; Offenbarung 1,6; 4,9–10; 5,13–14; 7,12; 10,6; 11,15; 14,11; 15,7; 19,3; 20,10; und 22,5.

Über den Autor

Derek Prince (1915-2003)

Derek Prince wurde 1915 als Sohn britischer Eltern in Indien geboren und erhielt seine Ausbildung an zwei der angesehensten Institutionen Englands: am Eton College und an der Universität Cambridge. Im Alter von 24 Jahren wurde er in Cambridge zum Professor der Philosophie ernannt. Als er im 2. Weltkrieg in die Britische Armee einberufen wurde, nahm er eine Bibel mit, um sie als "ein philosophisches Werk" zu studieren. Eines nachts, als er allein auf seiner Stube war, wurde er mit der Realität Jesu Christi konfrontiert, nahm ihn als Herrn und Heiland an, und die Ausrichtung seines Lebens änderte sich von Grund auf.

Als Anglikaner war er getauft und konfirmiert worden und hatte während seiner fünf Jahre in Eton auch immer pflichtgemäß am Gottesdienst teilgenommen. Mit achtzehn war er jedoch zu dem Schluss gekommen, dass ihm Religion „nichts brachte" und hatte danach am Gottesdienst des King's College nur noch dann teilgenommen, wenn er an der Reihe war, den Bibeltext vorzulesen. Innerhalb der ersten neun Monate beim Militär kämpfte er sich durch die Bibel hindurch und fand sie rätselhaft und verwirrend - völlig anders als jedes Buch, das er bis dahin gelesen hatte. Er sagt dazu: „Ich konnte die Bibel nirgendwo einreihen. War sie nun ein Werk der Geschichte, Philosophie, Literatur, Theologie oder Poesie - war sie vielleicht sogar von Gott inspiriert?"

Im Juli 1941 begegnete er dann dem „Autor" der Bibel in seiner Militärbarracke in Yorkshire. Dieses übernatürliche Ereignis beschreibt er so:

„Auf Grund dieser Begegnung bin ich zu zwei Schlussfolgerungen gekommen, die ich niemals ändern musste: Erstens, dass Jesus Christus lebt; zweitens, dass die Bibel ein wahres, relevantes und aktuelles Buch ist. Diese beiden Schlussfolgerungen haben meinen Lebensweg radikal und permanent verändert. Plötzlich erschien mir die Bibel klar und verständlich; Gebet und Gemeinschaft mit Gott wurden so natürlich wie das Atmen; die grundlegenden Wünsche, Motive und Absichten meines Lebens hatten sich über Nacht verändert. Endlich hatte ich das gefunden, wonach ich so lange gesucht hatte! Der Sinn und Zweck des Lebens ist eine Person!"

Seit diesem Ereignis hat Derek Prince das Wort Gottes studiert, analysiert, darüber meditiert und es gelehrt. Heute wird er als einer der führenden Bibellehrer unserer Zeit international anerkannt.

Seine täglich ausgestrahlten Radiosendungen erreichen die meisten Länder der Erde, und sind unter anderem in fünf verschiedene chinesische Sprachen, auf Spanisch, Russisch, Mongolisch, Tonganisch und Arabisch übersetzt worden.

Sein Lehrmaterial - mehr als 40 Bücher mit Übersetzungen in über 50 Sprachen, sowie etwa 400 Audio- und

150 Videobotschaften - legen eine Grundlage im Leben christlicher Leiter in der ganzen Welt.

Derek Prince ist am 24. September 2003 zum Herrn heimgegangen. Er hinterlässt einen weltweiten Dienst, in Deutschland Internationaler Bibellehrdienst genannt (IBL), der weiterhin den Ruf Gottes an Derek "ein Lehrer der Heiligen Schrift zu sein in Wahrheit, im Glauben und in der Liebe - für Viele" nach bestem Willen und Kräften erfüllen will.

Das internationale Büro von 'Derek Prince Ministries' befindet sich in Charlotte, North Carolina (USA). Darüber hinaus gibt es weitere Büros in verschiedenen Ländern und Erdteilen.

Weiteres Bibellehrmaterial von Derek Prince

Über 50 Bücher und hunderte von Audiobotschaften
- hier eine kleine Auswahl:

Ihr werdet Kraft empfangen!

Gott möchte, dass Sie ganz natürlich ein übernatürliches Leben führen. Derek Prince erläutert in seiner einzigartig klaren Art und Weise, wie man die Fülle des Heiligen Geistes empfängt und sein Wirken im Alltag mehr und mehr wahrnimmt.
148 S. Pb.

Bestellnr.: B68GE

In Gottes Gegenwart eintreten

Derek Prince weist Ihnen den Weg zu einer siegreichen und innigen Beziehung mit Gott. Außerdem zeigt Derek auf, wie man von Gebundenheit an Schuld und Sünde frei wird und einen inneren Frieden und eine Freude bekommt, die durch nichts übertroffen werden können.
ca 156 S. Pb

Bestellnr.: B67GE

Die Lebensgeschichte von Derek Prince

Einmal vom Bestseller Autor Stephen Mansfield in Buchform erzählt, einmal von Derek Prince persönlich auf DVD erzählt. In welcher Form auch immer, eine spannende, hoch informative, auferbauende Geschichte eines hingegebenen Lebens.

**Das Buch:
Derek Prince - Die Biografie**
vom Bestseller-Autor Stephen Mansfield
Hardcover, 384 Seiten
Bestellnr.: B63GE

Die DVD:
**Derek Prince -
Der Mann hinter dem Dienst**
von Derek Prince persönlich erzählt
Bestellnr.: DV001GE

Besonders zu diesem Thema zu empfehlen:

Sie werden Dämonen austreiben
Biblisch fundiert, teilt Derek Prince Kenntnisse mit auf einer Art und Weise, die den Leser befähigt, dämonische Einflüsse zu erkennen und zu beseitigen! Pb 312 Seiten
Bestellnr.: B42GE

Audiobotschaften von Derek Prince:

Zum weiterführenden Selbststudium hervorragend geeignet:

Geistlicher Konflikt
(20 Botschaften auf CD oder MC)
Bestellnr:
SC2GE   (6 Botschaften)
SC3GE   (6 Botschaften)
SC4GE   (4 Botschaften)
SC5GE   (4 Botschaften)

Videobotschaften auf DVD
Bestellnr:
DV9004GE
   Vom Fluch zum Segen
DV9009GE
   Israel und die Endzeit
DV9079GE
   Vorrausetzungen für effektive Fürbitte

Durch die Zusendung der nebenstehenden Antwortkarte können Sie:

1) Die kostenlose Audiobotschaft „**Mit Autorität in den geistlichen Kampf**" bestellen.
2) Unseren kostenlosen Gesamtkatalog bzw. weitere Informationen über den Dienst von IBL erhalten.

Die **kostenlose** Ergänzung zu diesem Buch

„Mit Autorität in den geistlichen Kampf"

Gott hat seine Kinder viel mehr Autorität und Vollmacht anvertraut als sie normalerweise meinen. Derek erläutert, an Hand der Bibel, wie wir in dieser geistlichen Autotrität wandeln sollen - und können!

☐ Ja, ich hätte gerne kostenlos die Audio- ☐ CD ☐ MC
"Mit Autorität in den geistlichen Kampf"

(Eine Spende zur Deckung der Kosten ist willkommen aber *nicht* notwendig)

B66GE Luzifer ist entlarvt! (4245GE)

Name: _____

Straße: _____

PLZ/Ort: _____

Tel. / Fax: _____

Karte einfach abtrennen, frankieren und uns per Post zuschicken.
Entsprechende IBL-Anschrift sowie Ihren Namen und Ihre Anschrift bitte nicht vergessen.

Bitte aus-
reichend
frankieren

Bitte übersenden Sie mir:

☐ den deutschen Gesamtkatalog

☐ den englischen Gesamtkatalog (Euro 2,00)

☐ Informationen über Material in
der/den folgenden Fremdsprache(n):

☐ Ihren aktuellen Missionsbrief

☐ Ihre aktuelle
Botschaft des Monats als ☐ CD ☐ MC

auf ☐ Deutsch ☐ Englisch

zum Kennenlernen.
(Preis je Botschaft EURO 4,95)

A N T W O R T

IBL - _____
_____
_____

(IBL-Anschriften siehe links)

IBL-Deutschland
Schwarzauer Str. 56
D-83308 Trostberg
Tel: 08621 64146
Fax 086231 64147
E-Mail: IBL.de@t-online.de

www.ibl-dpm.net

IBL-DPM Schweiz
Alpenblick 8
CH-8934 Knonau
Tel: 0041 44 768 2506

E-Mail: dpm-ch@ibl-dpm.net